U0855789

谨以此书，
献给我生命中最可爱的两个宝贝：
小核桃，小葡萄！
世界很大很有趣，
快快乐乐去玩耍吧！

逯逯 —— 著

世界是我的游乐场

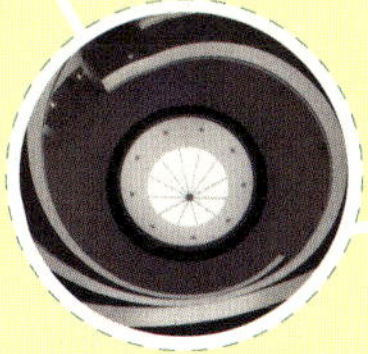

美学旅行家的

亲子游学

指南

中国妇女出版社

版权所有·侵权必究

图书在版编目（CIP）数据

世界是我的游乐场 ：美学旅行家的亲子游学指南 / 逯逯著. -- 北京 ：中国妇女出版社，2024. 12.

ISBN 978-7-5127-2410-5

Ⅰ. F590-05；G78-62

中国国家版本馆CIP数据核字第2024GJ1543号

责任编辑：朱丽丽
封面设计：付 莉
责任印制：李志国

出版发行：中国妇女出版社
地 址：北京市东城区史家胡同甲24号 邮政编码：100010
电 话：（010）65133160（发行部） 65133161（邮购）
网 址：www.womenbooks.cn
邮 箱：zgfncbs@womenbooks.cn
法律顾问：北京市道可特律师事务所
经 销：各地新华书店
印 刷：小森印刷（北京）有限公司

开 本：165mm × 235mm 1/16
印 张：14
字 数：200千字
版 次：2024年12月第1版 2024年12月第1次印刷
定 价：69.80元

如有印装错误，请与发行部联系

推荐序1

你只需要带着孩子走出去，在玩中学

逯逯发来她的书稿，请我这个老师给她写几句“点评”。我很是惊喜，这本书里，逯逯以她擅长的方式，兑现了对艺术美学、亲子美育的真挚热爱，将多年的从业实践经验转变为真实有价值的思考和方法论，她做了一件如此有意义，也有前瞻性的事：以亲子游学的方式更轻松、更有趣地帮大家来实现家庭美育，养育出属于未来时代更有审美力、创造力的，有力量、有见解的孩子。

我非常欣赏并支持逯逯去做这件事，作为师者，我常觉当下孩子们所面临的学业挑战实在令人担忧，孩子们“真善美”的天性在最初的教育过程中，需要被真正地重视。作为家庭教育的主导者，“父母”这个角色起到的作用值得关注，非常需要一些能深入助力孩子早期教育的好方法，替千万父母和孩子们双重解绑。

湖庐艺术空间既是我个人价值观的体现，也让我在自己孩子快乐玩耍的过程中，逐渐意识到孩子在自然环境中留下生活记忆的重要性。这是情怀的培养，也是孩子世界观和价值观形成的重要过程。争取在孩子被手机游戏、短视频征服之前，尽早将孩子带入有趣的真实生活环境之中进行体验，是我们作为家长必须去做的功课。

我是有意识地在湖庐艺术空间开展三种适合孩子的活动：一是教他们如何安全引火、烧炭、打边炉。我教孩子去大松树下收集较干的松针和松枝回来，放入炉中，用易燃的松针引燃松枝，然后放入木炭，燃烧的松针会冒出含有松香味的白色烟雾，用它能驱散傍晚的蚊虫。这个活动让孩子懂得了松针是易燃物品，必须在可控的安全范围内进行，平时进入山林是禁止乱扔烟火的。二是带领孩子走夜路，观看萤火虫，在大人的陪伴下让孩子克服怕黑的心理，让孩子懂得眼睛在没有光线干扰的情况下，瞳孔放大的视觉原理。三是参与搬运沙石、人力搅拌水泥砂浆、砌筑砖墙的活动，让孩子体验动手建房的乐趣。

所有这些生活中的体验都是让孩子增加从 0 到 1 的生活经历，这比早教、补习都要有意义。这才是孩子未来想象力和创造力的源泉。

在美学领域浸泡了 30 多年，我认为这种在主题性的游玩中学习，在潜移默化中美育的亲子游学方式，是当下家庭亲子教育非常值得借鉴的途径和方法，它远比兴趣班更有广度和趣味性。逯逯在非常合适的时机撰写此书，向大家分享了她的实践经验，我相信只要认真阅读本书，并按照书中介绍的方法去践行，将会收获更亲密的亲子关系，更积极快乐的家庭氛围，更有创造力和想象力的孩子！

胡赤骏

广州美术学院 油画系教授

硕士研究生导师

推荐序 2

陪孩子做个“星期天艺术家”

“回忆童年，你的脑海里会有什么画面？”

某次跟逯逯一起踏青，她很认真地问我这个问题。我脑海里立即闪现出两个画面：6 岁时，妈妈陪我做手工，用胶水粘出了一个小型砖红色别墅，我们在别墅里放了一些胖乎乎的蚕宝宝。再然后，是我和妈妈一起看从蚕蛹中蜕变而出的飞蛾们，在我们面前，像飘落又跃起的大片雪花，随着风转着圈低飞，美极了！点点的蚕衣雨点般落在桌面的白纸上，“雨点”越来越少后，飞蛾们逐渐散开，不知要飞往哪里……那一刻的震撼，现在想来都觉莫名感动。

我妈并不知道什么是美育和生命教育，但那段经历让我体验深刻：生命原来在用这么优美的方式延续！

现在的我，也成了一个妈妈，忙于生活，从不“鸡娃”，只觉多努力去拼成绩，未来 AI 该替代还是替代，但总觉得，作为父母，有必要做点什么，让孩子拥有未来生存的竞争力，也能体验生命的细微美好。

有一次带着孩子跟逯逯一起逛陶瓷博物馆，她掏出一张表格，上面列了几个小问题，让孩子带着对应问题去逛，结束后再分享，给予小礼品奖励。

那一次，孩子逛得很开心，也是逛博物馆最有深度的一次。他看到了陶瓷的不同形态，甚至感慨：“泥巴那么柔软，烈火让它变得坚强，泥巴也是全能英雄。”那一刻，我觉得孩子像个诗人，又像个小小哲学家。

之后的几个周末，我们和逯逯约了很多次主题亲子游。孩子在大自然里、在咖啡馆里、在画展里，充分释放天性，也在她的科学引导下，让玩耍变成了提升审美力、创造力和想象力的美育课。

我很荣幸，成为这本书的首批读者，翻看完内心激动不已：对，这就应该是她写出来的书！做了十几年美学相关工作的她，带领知名设计师游学，足迹走遍国际，也只有这么深厚的美学功底和见识，才能让这本书涉及玩耍的场景有广度：从艺术馆、美术馆、咖啡馆、民宿，到诗词名城、天地自然风物，各有各的玩法，都有详细的游学策划推荐。父母只要抽个周末，无须挤热门景点，陪孩子按方法玩，就能让孩子在玩中获得美的启迪。

法国雕塑艺术家罗丹说：“美是到处都有的。对于我们的眼睛，不是缺少美，而是缺少发现。”而这本书中提供的方法，就是引导孩子不断去发现。

我相信，一定会有很多孩子，因为逯逯，因为这本书，因为哪个星期天，爸爸妈妈带他有方法地去一个地方玩，发现了有趣之处，成了那个“星期天艺术家”。他的童年，拥有了更多爱的回忆，也因为发现美，而打开一个完全不同的世界！

叶小鱼
叶小鱼营销工作室创始人
2024 年 7 月

自序

AI时代，我们能带给孩子最有价值的东西是什么？

随着元宇宙、CHATGPT、SORA 等智能科技火速更迭与发展，孩子们的日常生活已迈入 AI 智能原住民时代。

我们这代父母在亲子培育问题上，整体是非常焦虑的：一方面正处于 AI 智能时代的分水岭，我们现有的认知、经验、资源与未来孩子们所处时代之间，必然存在一条鸿沟；另一方面，我们谁也无法预知孩子们长大后的世界将面临怎样的挑战。

我们唯一能确定的是：未来将是充满不确定性、无限可能性的时代。

从孩子出生那一刻起，父母在家庭教育上的每一次引导和决策，都决定着孩子的未来。在那无形的家庭“推力”背后，孩子如何才能在未来“安全着陆”？

如何在科技迅速发展带来瞬息万变的世界中，找到相对确定性的育儿道路？我们的教育方向是“卷”还是“躺”？还有没有既松弛又具备远见的第三选择？

我想，这些问题背后更核心的本质问题是：AI 时代，我们能带给孩子最有价值的东西是什么？

带着这些疑问，我曾向遇见的国内外大咖建筑师、设计师、美院教授、艺术家、商业成功人士请教并交流，大家基本一致的观点是："要想在未来 AI 时代拥有核心竞争力，父母要真正重视培养孩子的审美力、创造力和想象力，这些能力是未来时代各个领域发展的基础。"

作为父母，我们总想给孩子带来最有价值的东西。在我看来，这样东西一定是赋予他们永远无法被别人拿走的心智财产——储存在他们心脑中的独到见解能力！它就像一条护城河，帮助我们的孩子在未来时代的机遇与挑战中拥有相对自由的选择权。

这项能力的构建，一定离不开"审美力、创造力、想象力"的地基。亲子游学，正是我找到的第三选择：那条"既松弛又具备远见"的育儿道路。解决一切焦虑的源头，在我看来，就是找到属于我们的那条"护城河"，并未雨绸缪地去建设它、巩固它。

2023 年春天，我和服装设计师、艺术家严芳妮老师深谈了巴菲特的"护城河"理论与"独到见解"的关系。她同时与我分享了她以美育为主线，带孩子从小游学的过程和故事。严老师虽出身艺术世家，但从没有让孩子报美术课，而是直接带孩子到自然中，让孩子在自然美学的场域中启动天赋与创造。她会带孩子们从小看美术馆、博物馆，去历史名城，在漫长的亲子游学美育过程中，孩子们都成长为不同领域的优秀人才，拥有他们喜欢的事业。

这与我正在做的事情不谋而合。因此，我更加坚定，培养有独到见解，有创造力、审美力、想象力的孩子，最有效果、最轻松的方式之一就是亲子游学，并在游学过程中注重美育，把世界当作孩子的身心游乐场，和他们一起边玩边学！

作为品牌创意、国际国内高端研学的策划人、导师、领队，我从事设计、美学相关策划工作已有 13 年。通过这些年策划设计落地美学相关主题的深度游学，在不断地行走、访谈、思考和沉淀过程中，我把积累多年的系统游学经验和方法迁移到日常亲子培育中，并开发出一套“边玩边学的亲子游学”方法。身边朋友们受到我的影响，每临假期就提前和我约亲子研学行程，大人和孩子每每会收获很多新发现、新体验，然后带着满格能量开启新一轮的学业和工作。随着我在“亲子游学”活动中不断完善亲子美育实践，我也见证了孩子在“创造、想象、审美、独特想法”上的诸多惊喜变化。

想让孩子学，就要先让孩子玩！他们天生就自带“会玩基因”。

遗憾的是，我们大多数父母“被困在认知的框架里”，有心带孩子去外面看世界，方式却是千篇一律地走热门景点挤人头，最后大人、孩子身心俱疲再也不想出门。殊不知，亲子游学丰富的、“好玩”的资源和通道就近在身边，而你却视而不见。

背后无章法的出行计划，是因为大众还没广泛形成对“亲子游学”美育的真正认知和理解。我家一直践行着错峰、小众出行原则，从不在热门时节带孩子去大众化路线凑热闹，所以身边人总是很好奇，我家安排的日常亲子活动为什么看起来总是人少舒适有品质，且都能达到让大人、孩子身心愉悦的效果。孩子每次刚结束一个研学行程就开始兴奋地和我们一起规划下一次，因为我有自己的思路和方法，就算吃喝玩乐也是有营养输入的，在玩中学，而非纯娱乐消费。

我观察身边不同圈层的父母们，发现那些有着非常广泛亲子研学或游历经验的家庭，经常带孩子参加能接触、浸润“艺术、美学、创意”领域的亲子游学活动，孩子的感知力、审美力普遍更敏锐。

父母要想带给孩子最有价值的财产，首先要敢于打破认知惯性，换一种方式和孩子一起成长，也许花费更少，快乐阈值更意想不到。无论什么领域的人，都可以通过亲子游学的方式，走进“艺术、美学、创意”领域，去与之相关的一切内外场所，去探索、开发、碰撞出属于自己的灵性、审美与创造，最终通向“独到的见解力”。

以亲子游学美育之旅，赢得未来不确定性时代的主动权

亲子游学本质上是一种新型的家庭教育方式，它结合了主题探究和精品旅行的形式，家长和孩子一起自主规划出游的一切活动，不限于行程的远近，既可以在国内，也可以去国外。远方的世界，近在身旁的一花一木，都可以是亲子游学关注和研究的对象。

我写这本书的目的是想结合自身实践经验，将亲子游学与美育紧密结合，通过人文艺术、诗词名城、自然生态、天文科技、海外美学等不同主题，为大家带来更多维、更深入、更开放的教育启发和行动指南。

AI 智能时代已到来，未来的世界更需要“审美力、创造力、想象力”，以及稀缺的独到见解。我们无法改变外部环境影响，家长们焦虑之余，至少可以刷新一个思维意识——多维度的亲子游学美育，是一条开启孩子多维度感官全面发展的通道。通过这条通道，我们才能“推送”孩子去发展属于自己看问题、看世界的深度和广度，才有可能长成“具有独到见解人格”的人！

但我又需要特别强调一点：游学与旅行、留学有较大不同，游学是比旅行更深入、比留学更灵活的学习活动，在有主题、有内容、有计划、有节奏地吃喝玩乐整体体验中，潜移默化地带动孩子“海绵式吸纳不同维度的复合养分”，逐渐成长为一个完整的有自己独到想法的人。

历史上从事艺术设计、美学教育的大师们，无不在青壮年时期去不同国家、不同地方广泛地游学。他们的大部分成就来自这种深入不同国家、文化和地区的主题游学所收获的精髓。

美是“致广大而尽精微”的。看见一朵花，是轻松地看，会吸取到花朵的生命力和美好；捡到一片形状如爱心的秋日落叶，也是一种美的吸收；带孩子去美学馆、艺术馆，看各种展览；去山野林间了解植物与昆虫的节气律动；去历史名城寻访某位“游学达人”走过的路……这些全都是在玩和旅行的底色下，潜移默化的游学美育。我们要帮助孩子忘记课业和分数，该玩的时候就痛痛快快地去玩，等孩子在玩的过程中释放了压力，也习得了美的滋养，在该学的时候，兴趣自然变得不一样。

从现在开始，把这个世界当作我们的游乐场，就要玩着学！

逯逯

2024 年 4 月

行前准备

身——我的能量“马达”

1. 坚持运动，强壮的体魄让我玩得更飒
2. 营养管理，科学膳食令我神采飞扬
3. 我的形象搭配管理

心——我的行动“指挥部”

1. 我的行动推进计划表
2. 我的“情绪指南针”
3. 我的“梦想旅行箱”
4. 我的“游学基金计划”

脑——我的知识“芯片”

1. 我爱阅读，身体和灵魂都要在路上
2. 我爱观影，纪录片开启我的视野大格局

目录 | contents

第一章

『文艺阵地』篇

第　一　节

去美术馆、艺术馆，发现艺术版的自己

中国近现代著名教育家、中国美育倡导第一人蔡元培先生曾说：“美育之目的，在于陶冶敏锐活泼之性灵，养成高尚纯洁之人格。”他一生都在大力倡导美育，曾提出“美育救国，美育代宗教”的口号。任职北京大学校长期间，他亲自开设并讲授“美育”课程，主要聚焦在艺术、美学、人文等领域。他认为美育要多管齐下，除了学校美育，还要注重家庭美育和生活美育。

近些年，社会对少儿“美育”的呼声日益高涨。然而，针对家庭美育的方法和内容几乎是空白的。除了极少数艺术美学领域相关从业者或兴趣爱好者能带孩子走进美学世界，大多数家庭都把育儿精力放在“报绘画类的艺术兴趣班”、“做作业”和“去游乐场玩乐”等单一化的日常育儿活动中。每当我看到孩子们在游乐场进行着一样的玩乐活动，而父母们无不松一口气，终于有时间低头看手机时，我就会想，这和把孩子送到统一的“加工厂”有何区别？任由这些纯玩乐设施牵引着孩子的多巴胺快乐，他们在未来会习得怎样的美学素养呢？

父母是孩子的“美育导师”，父母带孩子去过的地方，与孩子

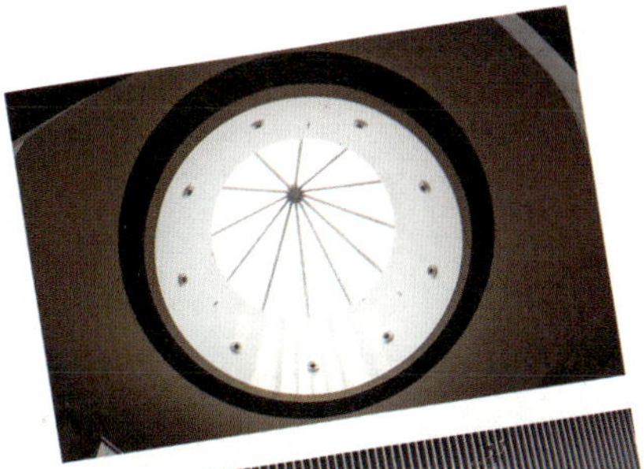

佛山·和美术馆

聊过的天，无时无刻不在影响着孩子的审美。如果我们对孩子异想天开的想法没有及时作出启发式的回应，或者不回应，甚至采取否定式的回应，这些都可能是对孩子创造性思维的“关闭操作”。

“美育”所培育出来的“审美素养、创造性思维、艺术情感”是非常重要的品质，它们正在成为未来社会稀缺的核心能力之一。

德国艺术家约瑟夫·博伊斯曾经说过：“人人都是艺术家。”他坚信艺术不只是艺术家的专利，一切的创造力、生命力和想象力，皆是艺术。他的这句话影响了无数现代艺术家，也让艺术真正脱下神秘外衣，走向每一个有创造力的人。

然而，当城市涌现出越来越多的美术馆和艺术馆，供人们探索和讨论艺术时，我们大多数时候却对这些近在咫尺的宝藏“美学养分”熟视无睹，或常常被“我不是搞艺术的，我去美术馆看得懂吗？我家孩子只喜欢去游乐场”等自我心理设限阻挡了。就算有点兴趣，我们好像也不敢随意走进美术馆，仿佛那里充满了“高深莫测”的东西。

每个孩童天生都是艺术家，对审美的追求是刻在人类基因中的一种需求。人天生具有审美能力，能够发现美、成为美的一部分，孩童在天真无邪的状态下尤其擅长审美。遗憾的是，我们大部分人对此是有偏见的，认为只有艺术家和文艺从业者才有资格进入美术馆、艺术馆。

虽然我们明白家庭美育的重要性，却往往不知该从哪儿开始，才能真正符合孩子的发展探索规律。

当代著名建筑大师、普利兹克建筑奖获得者安藤忠雄说："去美术馆吧，提升自己的好奇心。"安藤忠雄的作品受到各个年龄层观众的喜爱，但他并非科班出身，甚至没上过大学。他凭借年轻时的游学和自学，最终成长为一代建筑大师。他在建筑设计界的卓越成就离不开他在游学过程中培养出的好奇心和探索欲。

我们都知道，孩童的好奇心是无处不在的。任何他们不常见且引起他们兴趣的事物，都会激发他们的"十万个为什么"。美术馆的美学探索之旅，不仅能保护孩子的好奇心，还能为他们提供一个充分发挥创造力的美学启蒙场所。

现在，你已经知道，艺术与我们每个人都息息相关，艺术是平易近人的。请大胆地带孩子去参观美术馆或艺术馆吧，你会发现孩子的视角远比你想象的要令人惊叹。常去美术馆的孩子，打开了关于美的眼界，获得艺术情感和美学养分的自然滋养，就不太可能迷恋电子产品。随着内在越发丰富，他们的情绪也会变得更加平和、稳定。

"按图索骥"我的城市美术馆/艺术馆：行前准备

那么，去美术馆之前，我们要做哪些准备呢？

清单工作法是非常好用的方法。每次行动前，我们都可以列个行动清单表。

行动清单

清单项目	内容	备注
✔ 游学主题	文艺阵地篇：美术馆/艺术馆 美学探索之旅	
✔ 时间计划	推荐：周末/小长假的上午或下午 注意：按照国际惯例，一般美术馆都是周一闭馆，具体以目的地美术馆开放时间为准	
✔ 行程规划	城市内：家－美术馆－咖啡馆－午餐/晚餐 跨城际：家－美术馆－午餐/晚餐（当日往返或住一宿） （不要只规划美术馆，配合一个可衔接的休闲行程，做到“吃喝玩乐学”劳逸结合）	
✔ 物品清单	1. 游学物品清单：城市美术馆地图（一般网上都能查询到，没有的话就自己手绘制作一份）+门票+身份证+多色圆珠笔和空白笔记本、手账本+耳机+放大镜（其他补充物品） 2. 出行物品清单：轻便背包装冷暖添减衣物（夏日的美术馆空调温度一般都很低）+干湿纸巾+汗巾+口罩+水+其他个人需要的物品	
✔ 预订事项	1. 门票：美术馆有的需要买门票，有的是免费开放，事先在对应美术馆官微或官网查询好相应信息 2. 住宿及交通：跨城际需住一晚的行程，可事先在美术馆附近预订一间酒店；交通根据实际情况看自驾和城际高铁等方式哪个更方便，但要注意，自驾要规划好停车地点，有些目的地需要提前报备车辆信息 3. 用餐：提前一天或半天预订好位置，以防临时预订耽误时间，或高峰期没有用餐位置需要等候	

续表

✔ 清单项目	内容	备注
✔ 注意事项	1. 天气：提前做好天气查询（根据天气准备出行物品，如雨伞、雨衣、雨靴等） 2. 安全：安全第一，美术馆也有各种注意事项提示，告诉孩子不要出于好奇攀爬楼梯、高处的展示台等有潜在危险的地方和区域，看护好孩子 3. 形象管理：不要在美术馆内大声喧哗嬉闹，美术馆是需要保持相对安静的场所，可以低声交流；不穿拖鞋或暴露的衣服，美术馆讲究自我素养管理，不仅要管理好个人外在形象，也要管理好个人素养形象 4. 异动情况：行程中随时关照孩子的身体和情绪状态，给予及时的照护；若因天气或不可控因素不能按计划出行，可提前查询是否可以退改门票，妥善安排	
✔ 小贴士	1. 准备过程中，建议父母带着孩子以“环保出行”的原则进行，优先使用环保物品 2. 同时也请父母鼓励孩子按照游学主题来试着自己思考和动手准备，父母只需要帮助补充完整，而不是包办，并适当给孩子分配力所能及的任务，一起结伴“友谊出行” 3. 出现任何计划以外的情况，都请第一时间保持情绪稳定，父母不要焦虑，有变化就积极应变，带着“随时准备好接受各种美好情况发生”的心态应对，就会真的收获美好的游学旅程	

走进美术馆/艺术馆：我在这里“玩着学”

现在，请爸爸妈妈们放下平日的“权威”，开启孩子的“美育导师”角色，和孩子一起在艺术的海洋中探索吧。

在这个过程中，我们需要完全接纳孩子的各种表现，包括他们的奇思妙想和天马行空的想法。让我们和孩子一起怀抱童真与好奇心，全身心地享受这个过程。不必带有太多的目的性，就算有时真的没看懂，也一定会有收获。

现在，我们已经在行程中啦。大朋友小朋友们，你们都准备好竖起耳朵，睁大眼睛，打开嗅觉，运用我们的感官来探索了吗？下面，我将带大家用“五觉感官”之一的“视觉”来开启美学的旅程。

视觉——著名诗人、作家、博物学家戴安娜·阿克曼在《感觉的自然史》中说：“视觉是最重要的感觉，所有感官中的垄断者。只有当我们用眼睛来观察世界的时候，这个世界才充满着文化和感官上的美丽。”

“我看到苹果在吃绿色……”

“我看到那朵云在皱眉……”

“我看到________________”

这个世界上，孩童纯真的心灵是最自由的地

武汉美术馆（琴台馆）

方。他们“看到的世界”充满了诗意和美好。美术馆汇集了最有创造性的大脑产出的作品，让孩童在这里找到“自由心灵”的共鸣共振，并给孩子心灵带来持续的滋养，是父母给孩子的“一堂移动美育课”。

如何带孩子欣赏艺术作品？只要是我们视觉所及的事物，其影像都会在我们脑海里留下痕迹，是无法抹去的。也就是只要视觉正常，每个人都有能力欣赏艺术。问题是，为何很多人看完艺术作品后，说一句“看不懂”就了事，然后再也不想看了？

这背后的根本原因是缺乏正确的欣赏方法和深入思考的过程，以及对艺术存在误解和偏见。

其实，带孩子看艺术不仅是一种乐趣，还能潜移默化地学到很多有趣的知识。

在参观美术馆之前，可以和孩子约好，今天去美术馆一起玩“艺术家角色扮演”的“寻宝游戏”。我们可以设计一个“星星表单”，约定谁能选出 5 ~ 10 件艺术作品，讲出 5 ~ 10 个“图画故事或场景故事”，谁就能获得 5 ~ 10 颗星星，可以用这些星星“兑换”想要的礼物（可以设定金额上限，以免超支）。为了玩得更投入，从形象着装上，也可以搭配得更像一个艺术家。

★ 星星表单

星星	我寻到的"宝藏"	礼物兑换	备注
★★★★★ 5 颗	图画故事、场景故事、情绪故事		可以设定金额上限，以免超支
★★★★ 4 颗	认识多少位艺术家，他有多少作品		
★★★ 3 颗	根据今天看过的艺术作品，我想讲出来的故事		
★★ 2 颗	根据今天看过的艺术作品，我的创作		
	自定义		

边玩边学——我们毕竟还带着"学"的目的。那么，在这个过程中，我们应该采用"填鸭式"还是"开放式"的方法呢？当然是"开放式"。

先带孩子走一遍美术馆的空间，感受美术馆的美学气场和氛围。然后让孩子选择 5 ~ 10 件感兴趣的作品重点欣赏。

首先，让孩子从他的视角看，允许孩子用他自己的视觉感官去感受。只看艺术作品，切记先不要去看作品介绍，也不要看艺术家是谁。请创造条件，让孩子直接与绘画、装置艺术、雕塑艺术等各种形态的艺术作品，*在视觉上建立"第一视觉现场"的联系*。等孩子看完一幅作品，他自然会有话想跟你说，请耐心等待这宝贵的第一句。如果孩子什么也没说，这也是很宝贵的"反馈"。

请先全盘接受孩子看完第一幅作品后的感受和表达，然后通过启发式的问题引导孩子进行思考。

第一步，从基础的外观层面开始，可以先请孩子分享他的观察。

Q1：宝贝，你看到什么啦，可以和我分享一下吗？这幅作品是用什么材质做的？（问外观）

无论孩子说自己看到什么，都给予积极的回应和鼓励，如：“哇，真是很独特的观察哦，很开心你能跟我分享你看到的，我很期待你后面的分享哦。”

第二步，从作品本身出发，观察艺术家呈现的画面场景，激发孩子的观察力，尤其是对细节的观察。

Q2：宝贝，你觉得刚看到的这幅作品描绘了一个怎样的场景？颜色在作品中扮演了什么角色？画里的人在做什么？（问场景）

第三步，从故事性的角度启发孩子，便于他更好地理解和展开想象。

Q3：宝贝，你觉得这幅作品在讲一个怎样的故事呢？（问情节）

第四步，从外观的观察上升到艺术家的情感共鸣。

Q4：我感受到这幅画里好像有一种特别的情绪，你感觉到它在笑吗？（问情绪）

第五步，启发孩子把自己当作艺术家本人，穿越进入艺术家的思维，无所顾忌地畅想。

Q5：宝贝，你是在怎样的情况下创作出这幅作品的？你一开始就知道要这么做吗？一边画画，一边思考，一边调色，是不是很有趣？下次我们去户外画画吧？我想和你一起玩画画哦。（问创作背景和兴趣）

孩子就会自动开启他的无限想象力。他可能一开始并不知道答案，但一旦开始进入创作的思考和动手做，一切都有可能发生。

以上问题，如果孩子多数时候回答“不知道”，说明孩子的创造力和审美力可能在其他某些未被察觉的地方受到了一定程度的“破坏”。那此刻就需要父母更加耐心地陪着孩子一起寻找答案。

完成以上几个问题后，孩子基本上已经“看懂了”属于自己的那个版本。然后，和孩子一起拿出事先准备好的多色圆珠笔和空白笔记本，记下刚刚这一系列的问答过程（来不及的话，就在问答过程中录音）。

接下来，我们该去“大揭秘”了。

此时，再邀请孩子一起去看艺术家的个人介绍、作品介绍，以及他的创作故事、表达观点等真实情况。对照刚刚和孩子一起“穿越”和对话的过程，这样对作品的理解会更深入。然后，再跟孩子聊感受。

“宝贝，你今天成功完成了一次‘艺术家’穿越之旅，你发现并开启了‘艺术版的自己’！我真为你骄傲！”

“宝贝，你看你多棒，如果你是艺术家，你可以创作出更精彩的作品，要不要试试？在这里，讲故事和创作都有星星表单的星星积分记录，可以兑换你想要的礼物。”

在美术馆完成 5 ～ 10 幅作品的观看和欣赏之后，带孩子找地方休息一下，补充一下能量。然后，拿出事先准备好的“星星表单”，根据孩子的表现，在表单上打出星星的等级，让孩子选好要兑换的礼物。

需要特别说明的是，对于有规定“单向非循环参观”的艺术展览，由于参观空间或动线有限制，一般是源于人流量控制或对艺术作品的保护等因素，观众无法自由按照自己的兴趣观展，这种情况可以稍微变化一下游学方式。

一种方式是，提前在官微、官网等官方渠道，充分了解重点展出作品及相关艺术家介绍、展览空间动线设计及平面布局图等官方展讯资料，带孩子一起先做线上预览。可以先在展讯中挑选出最感兴趣的 3 ～ 6 幅作品，并记下艺术家的名字及作品名。到了展览现场，家长带孩子按照既定动线观展，注意在线下要重点观赏预先选好的兴趣作品，但也不局限于现场欣赏到的作品。

另一种方式是，依然遵循“第一视觉现场”的联结原则，只做空间动线、注意事项的规划，不做线上预览攻略，家长带孩子直接到达现场观赏，按照“感受第一”，不受限地挑选“第一眼”作品重点观赏，并帮孩子拍照记录下来。结束观展后，再反向“操作”，回到线上查阅相关作品介绍、对照研究原创艺术家们对作品的解析，对比看看自己的发现和解读与艺术家们的创作本意之间有何不同，这也是一种有趣的“发现之旅”。

观赏过程中，父母一方面可以借鉴前文的引导及互动方式，启发孩子思考和观察，另一方面需提前跟孩子沟通好，这是不可逆的观展空间，机会只有一次，所以我们要一起沉浸式参与其中，才不会有错过的遗憾。

注意事项：

对于禁止拍摄又很喜欢的作品，不如多停留一会儿，通过家长和孩子彼此开放式问问题的方式，启发更多“发现点”，加深对作品的观赏深度和记忆；

若是在观展过程中，孩子并不喜欢被打扰或问问题，我们可以做“识趣”的家长，安静地陪在孩子身边，保护他们的安全，随时回应他们的疑问就好。

关于美术馆，我们需要了解如下知识要点：

1. 美术馆 / 艺术馆的介绍、地理位置、城市文化背景。

2. 美术馆 / 艺术馆的建筑设计师及简介。

3. 美术馆 / 艺术馆展示的主要艺术家及其作品。

4. 美术馆/艺术馆的影像资料（一般在官网、官微都可查询到）。

5. 美术馆 / 艺术馆的网红打卡点。

孩子的美学启蒙，不是兴趣班的老师“教出来”的，而是通过家长顺着孩子的天性去观察、探究、感受和发现获得的。选一个周末，和孩子一起去发现艺术版的自己，这将是一次非常有趣的“玩着学”之旅！

上海·浦东美术馆

第　二　节

去博物馆，在历史的沙滩上拾贝

博物馆是大浪淘沙的历史文化空间，也是展示文物与人类关系的精神场所。在博物馆里，我们可以精确地识别出特定历史时代的人、事、物。在这里，我们吸收知识精华和美学养分，思考这些被一代代先人努力从文明的海洋中打捞出来、保存至今的古文物背后的关系、故事，以及它们对我们的启发和引领。

中国经典国学著作《中庸》里有一句名言：“致广大而尽精微。”这句话特别适合作为游学活动的导引宗旨，尤其是博物馆的参观游学。博物馆收藏了人类历史上历经大浪淘沙的各类文物珍品，它们既源自广大的历史背景，又承载着细微具体的器物叙事。因此，“广大”与“精微”是我们必然要具备的两种意识和角度。在真实的亲子博物馆游学场景中，我们要融入这两种看事物的视角，才能帮助孩子从小建立“既要看到文物背后的宏大历史，也要看到眼前器物的功能用途与含义”的审美思维和视觉习惯。

每一座博物馆都珍藏着特定历史时期的遗珠，对孩子来说，

东莞市博物馆，2024《白银时代》外销银器特展

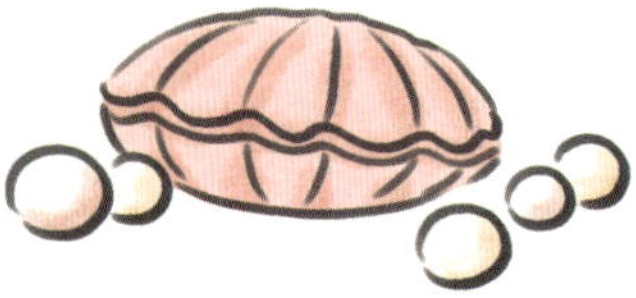

逛博物馆就像在历史的沙滩上拾“贝壳”。这些“贝壳”就是那些仿佛坐着时空穿越机来到我们面前的古老器物、字画、服饰等。它们经历了漫长时光的打磨，以及韬光养晦者的收藏，最终将这些关于历史的未完故事、话语，静静地散落在博物馆文化空间中。在这里，大人和孩子可以自由徜徉，与这些历史宝藏相遇。

为了让大家消除对博物馆“严肃枯燥”的刻板印象，我们可以设计一些好玩的游戏，让博物馆之旅变得轻松愉快且富有教育意义。让孩子借助在游戏中获得“我很厉害”的自我认同，而乐此不疲地投入到“寻宝”游戏中。可以参考以下游戏形式。

提前设计一个“贝壳表单”，进入博物馆后，看谁能找到5～10件文物藏品，分别讲出它们的“名称、年代、功能”，成功者就能获得5～10个贝壳。可以用这些贝壳“兑换”一个想要的礼物（可以设定金额上限，以免超支）。为了玩得投入，从形象着装上，也可以搭配得更像“一个博物学家或考古学家”，真正展现出博物学家或考古学家的风范。

博物馆拾贝游戏贝壳表单

拾贝人：__________　　拾贝地点：__________

贝壳数	我拾到的贝壳	礼物兑换	备注
5个	文物物品：数量，名称，年代，用途	1颗珍珠和1次拥抱	获10个贝壳及以上才可兑换一份想要的礼物（设定金额上限，以免超支）
4个	今天有一些新发现，它们是（　）	3次“你真的很有眼光”	
3个	根据拾到的贝壳，我能讲出来的故事	4次“故事细节”好评	
2个	根据今天游学，我的创作（日记，手账）	5次对创作作品的好评	
	自定义		

和美术馆不同的是，大众对博物馆几乎没有心理门槛。同时，博物馆中的大多数展品都源自真实的历史文物和收藏品。在引导孩子参观拾贝的过程中，我们应该教导他们充分尊重这些器物和艺术品。博物馆的游学参观，我们建议按照正常的参观顺序，跟着导览员和相关资料进行学习。

在这个过程中，父母可以适当地与孩子互动，主要是启发孩子的鉴赏力和审美思考。参考的话题有：

1. 认知展品本身：它是什么（如玉器、青铜器、瓷器、服饰、交通工具）？长什么样，有哪些形态特点（如造型、颜色、材质）？

2. 展品年代：它是哪一年在哪里出土的？那个年代对应中国历史上哪个朝代，当时正在发生什么重大的历史事件？

3. 展品故事：它最初是用来做什么的？当时是如何被使用的？它是如何被保存至今的？在现代生活中，这种功能被什么取代了？

4. 延伸思考：了解完展品背后的故事，你认为它对我们当前的生活有哪些启发？它可以帮助我们解决什么具体问题吗？（父母可举例说："宝贝，我看完这个服饰上的绣片后，想到我可以在我的服装设计稿中加一个细节处理。你呢？有什么新的启发可以跟我分享吗？"）

在休息时间，父母可以适当地提醒孩子："你捡到多少个贝壳啦？参观结束时，可以根据积累的贝壳数量兑换礼物哦。"这样，孩子可能就会更加用心地去听讲解和观察展品。

关于博物馆，以下是一些需要了解的知识点：

1. 博物馆的主旨介绍、地理位置以及所在城市的文化背景。

2. 博物馆的建筑设计师及其简要介绍。

3. 博物馆展示的主要著名展品，如"镇馆之宝"等。

4. 博物馆的影像资料（一般在博物馆的官方网站或微信公众号上可查询到）。

东莞·中国建筑陶瓷博物馆

以轻松好奇的心态参观博物馆，更容易让孩子拾到喜欢的“贝壳”，那些是他们自己挑选的珍宝。许多优秀的博物馆值得多次探访。随着去博物馆参观和游学的日积月累，孩子们会跟随他们天生的好奇心，取出这些“贝壳”里面的“珍珠”——物品、年代、功能、故事等——进行研究，并将它们串成新的时光与故事。将“严肃和古老”的文物视为贝壳和珍珠的串珠游戏，最终它们将变成属于孩子们的知识珠串、故事珠串、历史珠串等，说不定还能逐渐串成属于孩子们自己的“私人珍珠博物馆”呢。

第　三　节

剧院亲子游学：在人生剧场中“即兴表演”

剧院是一个民族的精神追求获得舒展和释放的场所，也是城市文化底蕴焕发活力的地方，更是我们在快节奏的现代生活之余，屡屡光顾的“心灵后花园”。

莎士比亚曾说：“自有戏剧以来，它的目的始终是反映人生，显示善恶的本来面目。”走进剧院，我们可以欣赏到戏剧、话剧、舞台剧、音乐及歌舞剧等各类丰富的艺术剧目，它们向我们展示了各种人生故事。剧院始终在探讨关于“人生”的课题，那些源于生活、高于生活的真善美，总能带给我们视听感官上的震撼和神经元刺激，吸引着我们的心绪随着剧情而起伏跌宕，散场之后，我们仍意犹未尽，期待下次再来。

我常带孩子去剧院，观剧前后我们会玩一些探索性的游戏。我发现一个有趣的感悟：剧院在某种意义上就像是人生这个大剧场的缩影。它以戏剧的外衣，以魔术般的手法，变换出各种取材于生活大舞台的不同剧本。而在人生这座大剧场中，隐藏着这样一个魔法：我们是自己生活的总导演，我们可以决定自己的人生怎么演绎。

在这里，我带给大家的私房游学策划是“剧院亲子游学”，即父母带孩子一起选择感兴趣的戏剧，以“上帝视角”，通过一起赏剧，练习提前进入“人生剧场”的导演角色，一起探索和破解变幻莫测的人生魔法的轻游学形式。

孩子们喜欢去剧院，他们以最纯净的心灵接受最浓缩的生活艺术熏陶和指引，开启对人生剧场的好奇与探索。在剧院游学过程中，得以发现关于“快乐有趣导演人生每一天”的秘密。

珠海大剧院，日月贝

同样一场剧，对大人来说，是视听盛宴的享受，是心灵的片刻休闲释放。而对孩子来说，它是一次感官与心灵的好奇之旅。故事、声光电、舞美组成的华丽场面，让一切像是变魔法一样纷繁夺目，在出现和消失之间，他们体验到紧张、激动、快乐、感动等丰富的情绪情感。

通过剧院亲子游学，我们带孩子深度解锁人生剧场魔法，找到快乐导演每一天的乐趣，可以围绕以下三种玩法来展开，推荐在看剧前或看剧后玩，因为看剧过程中要保持安静。

另外，在正式开始剧院游学之前，我们要多关注所在城市的剧院近期剧目单，选择喜欢的剧目并提前订票和取票，同时，也要提前做好相关交通、天气等方面的准备。

玩法一：即兴表演，我是自己人生的总导演

在“人生如戏，戏如人生”的共识中，孩子们也拥有天生“戏精”的一面。当他们掌握了一些生活中不可言传的规律时，他们也就能掌控生活的剧情走向。

在剧院游学过程中，父母的视角就是那个“上帝视角”。去剧院前，针对选好的剧目，我们可以带孩子先了解剧目相关的背景信息，并让孩子按照他的想法预演一次剧情。在去剧院的路上，可以跟孩子商量，今天我们去看一场剧，我们一起破解故事中有哪些好玩的情节，并把它们记下来。回家以后，爸爸妈妈陪你

玩“即兴表演”，你可以随心所欲地导演。孩子多半会非常高兴地答应。

每个孩子都喜欢自己做主，自己创造故事。剧院游学前后，我们可以带着孩子随时随地进行“即兴表演”。在保证安全和合理的前提下，让孩子自己决定，成为自己人生故事的导演。

看完剧，带孩子解锁隐藏在剧中的故事线索，将它们转化为自己的表演素材。这是一个人人都会“即兴表演”的时代，著名剧作家赖声川曾说：“短视频一分钟就是一个剧场。”

现在，让我们开始“即兴表演”玩法。

1. 孩子是导演，父母配合扮演角色或作为旁观者，核心目标是快乐，快乐地即兴表演；

2. 让孩子自由发挥，不受任何限制，只需提前约定好一些基本规则（如，言行举止符合礼貌原则，或者本次即兴表演时间为30 分钟，做好与下一个活动之间的时间管理协调等）；

3. 选一件小事作为表演的出发点，如“欢迎好朋友的到来”，并围绕这件事，设计一些快乐的肢体动作和欢迎用语；

4. 一起把今天的导演经历和快乐时光，用画画或写作的方式，记录在家庭快乐记事本上。

通过这个玩法，孩子在观剧过程中，能够用自己的方式吸收故事设计的元素，并将其转化为对生活的理解。既帮助孩子建立自信和快乐，也在即兴表演的临场发挥过程中锻炼他们的思维灵活性与敏捷性。

玩法二：随时玩“连连看”，我是小小创意家

剧院中的各类剧目，本质上是剧作家和艺术家们玩的一场倒置与混合的游戏，这个游戏的桥梁正是“创意”。著名剧作家赖声川在其著作《赖声川的创意学》中，详细解说了他的话剧《如梦之梦》是如何创作出来的。他说，《如梦之梦》的故事情节和内核逻辑，实际上是由他个人人生经历中遇到的各种随机事件串联而成的。如今，这部动人心魄的话剧在华语世界成为一票难求、备受瞩目的好剧。

创作一部剧作，拆解创意背后的逻辑，可以说赖声川是那个借由剧本和剧场，解锁人生这个大剧场魔法的大师。

孩子的心灵和头脑是最不受拘束的智慧空间，剧场的全部内容在创作过程中，本身就集结了剧作家们最有创意的思考和联结。带孩子去剧院，具有“上帝视角”的父母可以与孩子一起“拆解”剧院所视听到的一切好创意。

视觉

外部视觉上，从剧院外观到进入剧场的动线，再到剧场内部结构，以及观看表演的过程，人物服饰、台词、动线、舞美设计、

灯光色彩，都是孩子第一眼能看到的事物。可以请孩子从他所看见的事物中，挑选出 2 ～ 3 个给他留下深刻印象的元素，并请孩子说说为什么这些元素会给他留下印象。

例如，可以问孩子：“如果今天这场戏由你来设计服装，你会怎样搭配颜色和样式呢？下一次轮到你表演的话，你会如何设计自己的表演舞台和道具呢？”

内部视觉上，我们每个人一生都在追求被看见，我看见了你，你也看见了我，这样双方才能靠得更近。启发孩子在观剧后，去洞察主角的内心需求，并用自己的话语表达出来。例如，他们可能会说：“我看见大舞台在不断变化，衣服的颜色很鲜艳，那个演员的表情很可爱……我还看见，他在呼唤别人的注意，她在努力前进需要被人鼓舞……”

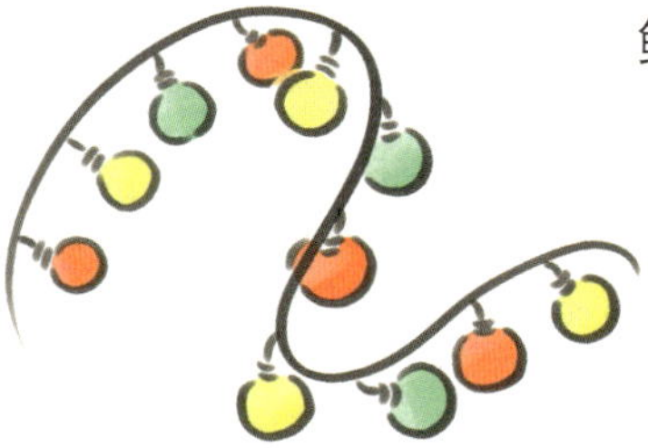

当我们看见五光十色的世界，看见对方内心的需求，更看见孩子眼里的光和热爱，我们也就看见了彼此。在视觉上，始终保持一种“外部视觉和内部视觉”的平衡，我们就能帮助孩子养成更丰富的“视觉能力”。

听觉

剧场最大的听觉素材源自戏剧的台词内容，以及舞台设计中各种声效的配合。这些在大脑中产生共鸣的素材，能让孩子找到完全属于自己的接收方式。他听到的，并且能感知的内容，才能触动他的内心，引发他的思考。

我们听到的可以是让人开心的、感动的、安静的声音……

我们也希望能为他人发出温柔的、鼓舞人心的、安慰的声音。

探索声音的类别，我们会发现剧院中的声音设计并不会让人产生不好的体验，配音和声效都恰到好处地衬托了剧情的发展。反过来，我们探索生活中那些令人愉悦的动听声音，如大自然中的鸟鸣、小溪流水、雨滴等声音，或者是那些优雅、清脆、温暖的声音。

今年我们看了杨丽萍的《孔雀》舞剧，这是一次非常棒的观剧体验。故事情节、舞美设计创意以及情绪代入，全方位地激发了观众的感受，让我们体会到创意背后的深意。比如，舞剧中那棵代表四季变化的树下的“时间”是真人扮演，他一直在转圈，持续转了 2 小时，象征着时间的不停歇，即便中场休息时也在转。这个创意太触动人心了，展现了艺术家的极致创意和艺术追求。所以，《孔雀》的成功是非常有力量和深度的。

在我看来，杨丽萍就是用了“连连看”的方式，将不同的元素编织在一起，形成了这样的创意：时间＋四季＋真人＝不停歇

东莞玉兰大剧院，杨丽萍《孔雀》

的艺术魅力。

看完舞剧后，我们可以带着孩子这样“玩创意”：

随时随地连连看，将生活中的各类元素，通过“物品＋动作”的方式连在一起，看看会创造出什么。例如，我们可以画一个表格，或将想到的名词和动词分别列成两竖排，然后随心所欲地连线，从而得出无穷的创意形式。

连连看

名词（物品名词）	动词	连连看
例：彩虹	例：唱歌	彩虹乐队／彩虹在唱歌
例：海浪	例：跑步	海浪跑团／海浪在跑步

创意游戏的逻辑在于随机组合和拆解。

例如，雨滴顺着高铁窗玻璃斜着滑落＋联想到的小动物。

通过连连看，可以创造出这样的画面：高铁上，窗外的雨滴像昆虫一样，在玻璃窗户上朝一个方向爬行。

通过玩法二，我们可以带孩子在剧院现场发现这些创意的过程。拆解生活中的元素，无论是事件还是地点，都可以成为素材，然后把它们重新联结，创造出新的“创意点子”。孩子在这种创意生成的游戏过程中，会自觉地启动创意思考，同时也增强了他们对生活的观察能力和感官的敏锐度。

玩法三：情绪波浪线，我是情绪的主人

所有戏剧都有一条情绪的波浪线，用来调动我们的关注与呼吸。

请孩子画出一条情绪波浪线，并在每个起伏点上标出或用表情包的方式画出不同的情绪名称（如下图所示）。观剧后，邀请孩子分享观剧过程中感受到的不同角色的情绪。

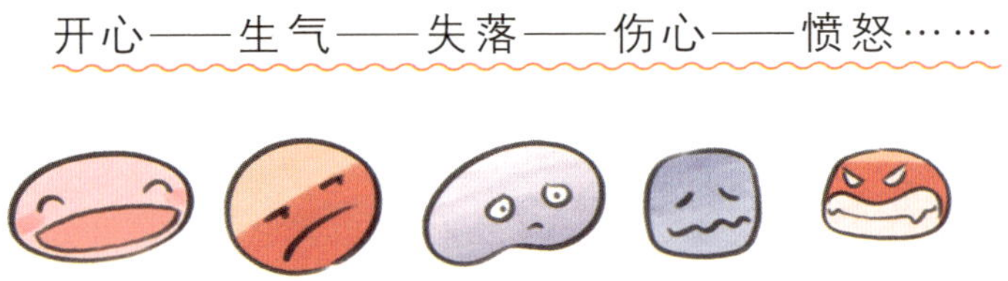

我们与剧本融为一体的方式之一，是通过情绪的“共鸣”。在孩子们的成长过程中，他们对情绪的认知和表达还比较稚嫩，需要父母适当引导。通过看一场剧或玩一个游戏，孩子们可以了解到“我是人生的主人，我更是自己情绪的主人”。

我们也可以把“情绪波浪线”演变为“情绪冒险游戏”，父母和孩子可以轮流闭眼，随机选择波浪线上的某种情绪，睁开眼睛后，向对方表达这一天有什么事情让自己感受到了这种情绪。这样的活动能帮孩子学会认识情绪、表达情绪，并与情绪共存，从

而提升情商，成为情绪的主人。

看一场剧，就如同潜入一场人生戏剧现场，所看到和听到的所有艺术元素，都是人生大剧场中的小插曲，但它们都是鲜活而有魅力的。这里有理想化的版本，有现实版，还有日常生活中不能过分投入的情感释放，是关于幽默，关于对生活的想象和串场，以及关于打破常规、不被理解的天马行空。

剧院亲子游学更加随心随性，在城市的文化源泉中，取用一点点，就足以灌溉孩子幼小的心灵。在解锁人生剧场魔法的过程中，感受充满不确定性的游戏乐趣，习得用创意和趣味快乐过好每一天的人生魔法。

第　四　节

在民宿与设计建筑的游学中，获得完整的美育成长

日本著名建筑师安藤忠雄说："人心是很难居住在这个数字时代的，我想建造的是那种能让人心居住、扎根的地方。"

安藤忠雄是当今世界上最活跃、最有影响力的建筑师之一。我曾实地参观过他在国内外设计的许多著名建筑，如亚洲现代美术馆、和美术馆、童书森林－中之岛等，这些建筑背后的设计和美学力量深深地震撼了我。他将在地美学推向了极致，就像一束光，照亮了每一个进入建筑的人内心。

我是在安藤忠雄的建筑中，才开始关注到建筑对人类的影响远不止于人居功能，更在于心灵的对话与栖息。能让人心灵安居的地方，正是现代人追求的"精神居所"。安藤忠雄所创造的人居空间，正是那种能让人找回心灵释放、回归本真的空间。包括近些年越来越受欢迎的民宿，以及一些著名的设计建筑，它们背后都关乎"以在地美学与设计共同构建的人文关怀"这一命题。这里有在地的生活美学，有在地的"安心"，一切都是以在地文化的接纳姿态，有温度而真实地存在着。

带孩子去体验民宿和参观设计建筑，是进行"亲子美育"最

重要的游学方式之一。通过一起探索在地美学，以特定的美学空间为载体，我们可以在“让人想一直待着”的地方，全方位地激发孩子的感官，去探索和感受在地美学。借助“在地美学”这个能够触动儿童心灵的通道，我们可以在“民宿与设计建筑”的沉浸式美学探索和体验中，与孩子共同成长。

中国著名儿童教育家孙瑞雪曾说：“婴儿和成人根本不同的，也是高于成人的地方，在于婴儿时刻会在成人已经失去感觉的事情中创造着自我。”这句话道出了成人和儿童之间最大的鸿沟之一：“你感觉不到我所感觉的。”儿童内在的成长往往是父母难以察觉的。孙瑞雪在《完整的成长》一书中提出“完整的成长”理念，是指儿童依靠自己的精神胚胎，借助内在和外在环境，通过生命历程的不同阶段，构建出一个完整的自我。她说：“儿童的内在环境是由‘身体的、情绪的、感觉的、心理的、认知的、精神的’这六个部分组成的一个结构系统，而这个结构系统的核心就是精神胚胎。”

虽然我们成人有时并不完全了解内外环境在儿童成长过程中是如何相互作用的，内在环境的构建在某种程度上也深受外在环境的影响，但我们可以清楚地观察到一种现象：经常阅读和旅行的孩子和那些不怎么阅读和旅行的孩子，是有所不同的。

幸运的是，外在环境是可以人为创造的。

那些民宿和设计建筑，如果我们追溯其背后那些杰出的设计者，会发现他们之所以能创造出让人心静下来的空间，是因为他

6 中卫·沙漠星星酒店

们的内在有一套被良好保护和发展完整的系统，也可以说他们拥有相对“完整的自我”，特别是在“感觉的、情绪的、心理的”层面几乎都发展得很完善。加上后天在专业上的努力，以及环境因素的影响，使得他们比常人更能感知到怎样的人居空间是真正符合生活本质的，并在“美学”基础上更加突出了这一点。

比如普利兹克奖获得者、华人建筑大师贝聿铭，在路思义教堂的建筑设计中，感知到“一线天”与双手合掌之间的呼应，从而成就了这座令人敬仰和臣服的建筑。

另一位普利兹克奖获得者、日本著名建筑师隈研吾，在中国美术学院的新作“民艺博物馆”中，使用中国的青瓦作为艺术博物馆的外立面装饰，将中国杭州的在地文化元素与建筑进行了历史和艺术上的完美结合。

再如国内近年来，越来越多的设计师开始关注在地民宿的设计。他们创造了森林湖泊深处的“艺术空间”，沙漠中的“星星酒店”，草原深处的“蒙古包和房车”，辽阔西北的“黄河宿集”，以及悬崖上的“天空之城”……

可以说，没有哪一位建筑师、设计师或艺术家在“感觉的、情绪的、心理的”层面的内在发展是有缺失的，否则他们无法感知和实现那些足以震撼人心的建筑空间或民宿作品。他们的感觉部分都获得了非常好的发展，因而才具有了超强的创造力和审美力。

在这些颇有创造力的设计大师设计的空间，我们能带孩子更聚焦、更直观地体验和感知民宿与设计建筑所营造的一系列丰富的外在环境，从而对孩子的内在环境产生积极和富有美感的影响。我们只需要定期带孩子去周边的民宿住一晚，体验一次，选择一座大师级的设计建筑进行一次参观，孩子的内心就能在我们大人未曾察觉的地方完成一次次内在的构建，就如同堆积木一样。每一次这样的民宿与建筑的亲子游学，都会产生叠加效应。

具体的探索和玩乐方式，可以根据民宿和设计建筑所能提供的特色项目来策划和玩着学。

首先，带孩子充分了解民宿背后的设计来源。比如草原的在地特色之一就是蒙古包所代表的游牧文化，牧民为了在草原生存，才有了这种特定形式的居所；沿海地区的特色之一就是海滩，我们可以挑选那些能让孩子充分亲近自然、打开心扉的民宿或建筑场所，如粤港澳大湾区的溯溪主题露营帐篷民宿、海滩玩沙游泳主题的滨海民宿、温泉主题的田园果林森林民宿等。这些场所都集中体现了沙、水、草坪、动物等亲自然的在地美学元素，是孩子最容易找到自我、得以释放天性的地方。

其次，带孩子一起规划民宿之旅和设计建筑之旅的行程，如果二者能结合在一起更佳。例如，住一晚民宿，玩沙、玩水或在草地疯跑，在溪流中蹚水捉虾，晚上参加篝火晚会或烟火表演等，同时参观设计建筑，发现其与家、学校或图书馆的不同之处，浏览文创小店中各种美学小物品的设计，挑选 3 个以内作为对自己的

南岸
元白 YUAN BAI

奖励等。

最后，尊重孩子内在环境的发展规律，不限制孩子在“身体、感觉、情绪、心理、认知、精神”等方面的发展。在民宿和设计建筑的空间中，以最放松的心态进入设计师为我们创造的“在地生活美学”场域中，观察民宿内部的设计、家具、装饰、生活用品和平时在家有什么不同，探究它们为何如此吸引人；在设计建筑空间中，感受与平时进入的空间完全不同的构造，从外观到内部，从路线到沿路的体验，既在审美上跳脱我们日常的习惯，也在合理设计的美学情景中帮助孩子完成内在的感觉、心理和认知上的完整性构建。

游学结束后，你可以和孩子一起做一些有趣的事情，比如给家换装或改造游戏。

1. 请孩子分享游学后印象最深刻的事物，以及最想在自己家里拥有的空间或功能。

2. 鼓励孩子在家里选一个小角落，试着自己动手进行改造，比如图书区、作业区或卧室的小桌子等，让孩子按照自己喜欢的样子重新布置一下。如果有需要添置的小物件，也可以允许孩子添置一下。

3. 每个月或者每季度，你可以带着孩子对家中较大的空间做一次小变化，比如将卧室的床移动到靠墙位置或将书桌移动到靠窗的地方。通过这些小变化，让孩子体验生活中的小确幸，并传达给孩子一个信息：生活不是一成不变的，我们可以充分运用大脑和创意，来完成对居所的改造。这不仅是生活的改变，也是一种建立自信的过程。

美育的过程不易，它更多地在日常的点滴浸润中发生。有时，我们只需要带孩子到一个充满“美学”的氛围和场域中，孩子自然而然地会去联结那些能触动他们内在环境的部分，就像放岸上的鱼儿到水里，它自然而然地就知道要游动、要去哪里一样。这种自然的过程并不需要大人特意去说和做什么，当孩子有疑问，我们只需要在恰当的时机给予恰当的回应就可以了。

所以，我经常带孩子去体验不同的民宿，每一次，他都能找到我们大人未曾注意到的事物。每一次，他的内心都像充满了电，眼中闪烁着光芒，离开时总是依依不舍，或者期待着约好下次再来的具体时间。

在民宿与设计建筑的亲子游学活动中，相当于父母和孩子暂时移动居所，去一个和我们常规认知不太一样，或比我们原有生活更富有想象力和美学浸润的场所。这样的活动一方面能进一步培养亲子感情，另一方面，通过体验的方式，孩子能够对不同地区、不同文化习俗背景下的美学生活态度和实践有更深入的理解，从而实现内在环境的丰富和稳定成长。

更重要的是，对于在现代都市长大的孩子来说，他们往往在

民宿·艺术空间：广州从化·湖庐自然艺术空间

一种固定的生活方式中长大，缺少与真实生活的直接触碰和实地了解。作为父母，我们能为孩子童年时期留下的最宝贵的财富之一，就是尽可能地给他们带来一种精神内核的支撑，那是成年后，他们面对日新月异的世界，不被纷繁复杂的世界所迷惑的精神力量之根，它会让我们的孩子至少在内心世界的道路上走得更稳健、更安全。

第　五　节

在咖啡馆，品味城市“慢生活”

17 世纪，随着欧洲第一家咖啡馆在英国牛津大学建立，咖啡馆所代表的独特文化生活方式开始迅速风靡伦敦、巴黎。18 世纪后，咖啡馆几乎遍布欧洲时尚之都的每一条街道，很快演变为一种“公开的思想交流地”。它不仅成为文豪墨客、艺术家、知识分子等高知和文化工作者们首选的“精神生活空间”，也吸引着大众前往，人们喜欢在咖啡馆这种独特的空间中放松、休闲、创作和交流。

随着工业革命的发展和社会效率的提升，咖啡馆经历了几个世纪的演进，但其内核始终保持着一种“慢生活”的象征，存在于现代都市的大街小巷。它包容各种各样的人生状态，接纳秉性迥异的人群。我们的日常生活已经习惯了咖啡馆的存在，我们已无法想象一座没有咖啡馆的城市会是多么的乏味。

如今，不同主题、不同风格的咖啡馆如繁花般在全世界的不同城市盛开。在追求快节奏的现代城市生活中，无论大人还是小孩，都需要偶尔“慢下来”。特别是课业压力繁重的孩子们，应该为他们创造一些“进入慢生活”的机会，让他们获得精神上的自由与放松。

东莞·咖啡馆：Re Cafe

父母带孩子去咖啡馆，品味城市“慢生活”，释放内心的压力，在轻松的休闲氛围中，或参加感兴趣的亲子美育活动，或与孩子聊天谈心；或观察周围的人群，在不同动作、神情、状态中，感受这座熟悉城市的生活节奏与众生相；或只是安静地坐着发呆，品尝一份甜点饮品。这些都是在给孩子们“松绑”，让他们享受一段有质量的自在时光。

奥地利著名作家弗兰兹·卡夫卡曾说：“我不在咖啡馆，就在去咖啡馆的路上。”提起咖啡馆，人们就会想到18、19世纪的欧洲，文艺复兴后涌现的如同群星璀璨的大批文豪巨匠，在伦敦、巴黎的街角咖啡馆，或激扬文字，或谈笑风生。活跃的思想与咖啡的醇香，以及恰到好处的灯光与暗影，营造出一种诱人而令人向往的先锋氛围。

咖啡馆，仿佛是他们真正的舞台。文豪、艺术家、音乐家、诗人、思想家、知识分子在这里肆意挥洒灵感和创作，热烈而充满激情地讨论热点时事，碰撞世界上最先进的思想和潮流的观念，咖啡馆俨然成为“最前沿思想交流的阵地”。同时，咖啡馆也似乎赋予了人们一种神奇的空间力量，让来到这里的人能轻而易举地找到最佳的生命位置和创意版的自己。

无论是咖啡馆刚兴起的时代，还是现代，咖啡馆作为一个区别于家庭空间和工作空间之外的“第三空间”，虽然外在形式、花样和主题变得更加多元化，但其功能属性始终如一。在我看来，咖啡馆是我们心灵的“能量居所”，它可以让我们把忙于工作和学习的心灵暂时转移到别处，让心灵“慢下来”，激发意料之外的灵感与创意，疏通被日常生活轨道所束缚的思维。

所以，父母带孩子来咖啡馆游学，可以做很多有趣的事情，共同度过一段美好的亲子美育“慢时光”。

在出发之前，准备一份适合亲子慢时光的咖啡馆清单是非常有必要的。父母和孩子可以一起搜集信息，挑选喜欢的主题咖啡馆，然后列一个日常备用清单。一旦有机会参与咖啡馆举办的亲子美育活动，就可以随时去探索和玩耍。

这一节介绍的亲子游学是最随心随性的。从咖啡馆能给我们带来的心灵体验价值上看，可以从四个方向安排我们的亲子美育“慢时光”。

五感体验

一些咖啡馆为了给家庭亲子活动带来有价值的文化体验，常举办艺术绘画、手工制作、音乐欣赏、绘本阅读、咖啡知识讲座、读书分享会、亲子互动游戏等多种形式的亲子美育活动。

通过参加这些日常生活中不太常见的亲子美育活动，孩子们可以启动和丰富他们的五感体验，提升他们对空间、生活和艺术的美学感知力和敏锐力。

平时可多留意举办这类活动的咖啡馆的活动资讯，挑选感兴趣的内容去参与。

视觉，听觉

这是最直观的两种感官体验。咖啡馆的外观设计、展陈露出、氛围营造等空间结构层面的视觉感官体验，以及舒适优雅的音乐、客人的细语与欢笑的听觉感官体验，每一种材质似乎都在从各个维度照顾人体所需的自在与休闲。

父母可能会惊讶地发现，孩子在这样的环境中充满好奇与活力，他们会在空间里四处探索，对未曾见过的物品会想去瞧个究竟。听到人们在这里愉快轻松地交谈，没有大声喧哗，每个人都在轻松地享受着时光，没有压力和束缚。

仅仅是看和听，就能把空间和氛围美学，以及充满情绪的愉快的音乐吸纳到心中。孩子也不需要做什么任务，自然而然就会与这些元素亲近和共鸣。这便是五感体验的开始。

味觉，嗅觉

孩童在婴儿期就通过口腔来感知世界，随着成长，他们的味觉和嗅觉变得更加全面，表现得好像对食物有浓厚的兴趣。我们每个人都是这样长大的。

烘焙和咖啡的香味，轻易就能引起我们的味觉和嗅觉的“想要来一杯好喝的”欲望。在咖啡馆里，人们面对面的交流比居家时还多，孩子也在享受一杯合适的饮品和一份可口的甜点后，变得更加健谈。

有的咖啡馆就主打咖啡文化主题，从咖啡豆的种植、咖啡手冲体验、咖啡杯的设计等方面展开亲子美育活动。

孩子在参与这些活动时，味觉和嗅觉的感受贯穿始终。他们会仔细观察咖啡的品种和制作流程，从而了解到所有美味的食物都源自背后的用心。

非常规探店

去城市的不同角落，探索那些“不一样”“非常规”的咖啡馆，可以让你体验城市的味道与节奏。

现在，一些设计师和家居商设计的咖啡馆崭露头角，他们将办公室、咖啡厅、展厅、展览空间和书吧进行多功能、集合型设计，这样的咖啡馆就是非常规咖啡馆。它们已经超越了传统的行业界限，丰富了咖啡馆的单一属性，将品味咖啡、特色糕点和空间美学融为一体，孩子在这样的空间中感到非常自在和兴奋。我经常带孩子去这样的咖啡馆，他总是不愿意离开。在沙石庭院、草坪露营，体验空间与空间之间的互通回旋，就像在迷宫中探索一样，这样的体验已开启了他的美学感知。

打卡不同主题、不同风味的咖啡馆，比如主题角度，有落日主题、阅读主题、冥想主题、音乐主题、绘画主题、书屋主题等。我平时会非常留意收集一些好玩有趣的咖啡馆信息。喝咖啡并不是最重要的，重要的是去感受不同主题和设计所带给我们的不同观察、思考和创作启发。

平等约会

孩子非常需要一个平等的视角与父母对话，无论孩子的年纪多小。这是我们长期以来容易忽视的部分。我们常不自觉地以父母的权威来俯视孩子，其实我们更需要蹲下身来，平视我们的孩子。

作为成年人，我们也需要那么一点私人空间，去咖啡馆坐坐，纾解压力，思考一些事情。大人有这种需求，孩子同样也有。当孩子情绪不佳、面临课业压力，或在学校遇到挫折时，父母可以和孩子约定，如果内心感受不是很好，就先停下来，一起在“咖啡馆日程”清单上挑选一个喜欢的咖啡馆，来一次“朋友”之间的平等约会。父母放下大人的专断，聆听孩子这个好朋友的真实心声。换个空间，换个角度，我们可能会发现，孩子身上竟然有那么多一直被我们忽视的闪光点。

亲子之间有规律的平等交谈，以平等的口吻和视角，交流对某件事的感受，是非常有助于孩子的情商和美商教育的。

当一次文豪

海明威在巴黎的咖啡馆完成《太阳照常升起》，陀思妥耶夫斯基在圣彼得堡的咖啡馆写下了《罪与罚》，鲍勃·迪伦在纽约的咖啡馆俱乐部创作了《答案在风中飘扬》。拜伦、安徒生、歌德、易卜生、萨特、波伏娃、伍尔夫、《哈利·波特》作者 J.K. 罗琳等作家都是咖啡馆的常客，许多名作都是作家在咖啡馆中获得灵感而完成的。

咖啡馆的兴起离不开历史上作家文豪的贡献。时至今日，咖啡馆仍然是写作者常去的地方。孩子们写作业、作文，为何一定要在书桌前枯燥又倍感压力地写呢?

可以选择带孩子去一家人少、安静的咖啡馆，模仿19世纪的文豪，在咖啡馆写作。选择一位喜欢的大作家，用这种别样的心态，让他们“当一次文豪”，感受内心充满灵感的愉悦。无论孩子写的是小诗、日记，还是流水账、涂鸦，请允许孩子先爱上“写作”这个行为。

这个主题还可以延展出许多玩法，核心就是围绕“当一次文豪”。比如，孩子和家长可以分别扮演一位文豪，在咖啡馆碰头，探讨某个写作问题；或者“两位文豪”在咖啡馆安静地共读一本书，读完后分享自己的感想。

那些头痛于孩子不愿意写作文或表达力不足的父母，可能是因为缺乏一些设计的思维。多尝试几次这样的活动，我相信孩子自然会喜欢上阅读和写作。前提是，父母要学会为孩子挑选适合他们年龄段的有价值、有思想的书籍。

亲子咖啡馆游学，通过五觉感官的体验，认知生活本身的美好与乐趣，共享属于自己的有质量的时光。若能顺便认识一些有意思的人，如咖啡师、有情怀的咖啡馆老板等，鼓舞孩子与他们交流、向他们请教，了解这些创造出“慢生活”空间的人是如何

昆明海晏村：落日拾光咖啡屋，面朝滇池，共享落日浪漫

思考、审美的，也可以带给孩子非常规的乐趣与意外的收获。

法国作家巴尔扎克曾说：“如果生活是美好的，那么咖啡馆就是照亮这份美好的阳光。”在这里，慢与快、发呆与空想、随性与观察、好奇与探索、安静创作或交谈，都是被允许发生的。不要再去想孩子是否适合喝咖啡这类问题了。请允许孩子被带到咖啡馆，享受这份美好阳光的照耀吧！

第　六　节

去艺术节、美术展，邂逅意外的美好

十多年前，我第一次阅读著名作家、创意旅行家李欣频的《人生就是边玩边学》。她以充满创意的笔触，带我见识了不一样的威尼斯双年展和威尼斯嘉年华：在艺术家的不同艺术作品中、在盛大的面具狂欢艺术节中，每个人都可以按照自己的创意和想法，设计面具与妆造。这种极度夸张与自我表达，最大程度地释放了人们对自由的向往和追求。

李欣频说："我被前卫艺术打开了大脑的黑盒子。眼前的一切都是全新的，为了找出路，得把所有的创意触觉就地张开来搜寻信息。"

透过李欣频充满吸引力和想象力的图文解读，我第一次构筑了对威尼斯嘉年华这类"艺术节"的初印象，并产生了强烈的兴趣和向往。

随着这些年的职业经历，以及我习惯性的观察，我发现适合亲子游学参与的艺术节主要有三种形式：

第一种，是以鼓励青少年、儿童艺术特长和才艺的国际国内赛事为主的艺术活动。这些活动通常会有音乐、舞蹈、绘画等领域的专家、评委进行指导和推荐，为孩子们提供一个展示特长与才艺的平台。比如，新加坡国际青少年艺术节和亚洲国际艺术节等。

第二种，是以“大地艺术节”为代表的，旨在关怀和重振乡村经济、发掘被大众遗忘的文化遗产、在地美学的艺术活动。这种活动对所有人有时限地开放，地域涉及广泛且以乡村原貌自然条件为主。全球不同领域的艺术家会共同发起和参与，通过一些置身在乡村的装置艺术作品来表达环境、人文、未来等方面的思考，启发人们关注那些正在没落但依然具有无限可能性的乡村生态。这种艺术节很适合亲子轻旅行与看展的结合。比如，中国南海大地艺术节。

第三种，是以城市为单位，以美术馆、艺术馆、博物馆为主办载体，在特定时间举办的主题性艺术活动。比如，上海国际艺术节、乌镇戏剧节等，适合亲子作为观众参与。

亲子艺术节游学，无论是参加国际或国内的艺术节竞赛，打开孩子的艺术专业视野，增强他们的自信心，还是参与“大地艺术节”形式的乡村探访，与原生态的乡村部落互动、玩游戏，或是成为城市区域性艺术活动的参与者、见证者，孩子们在这些活动中，都能在对广袤深邃的艺术世界并不熟悉之前，就站在艺术大师们精心设计的玩法场域中。孩子们带着自己的天赋、喜好和纯净的眼神，在一个不同于日常生活的大背景下，去探索、去邂逅艺术带来的意外美好。

爱尔兰哲学家埃德蒙·伯克曾说："艺术是人类的天性。"在我看来，带孩子参加艺术节，是亲子艺术美育的重要形式。通过参与不同形式的艺术节，为孩子创造条件在艺术世界中与音乐、舞蹈、绘画、书法等艺术作品碰撞想象力、审美力，并释放天性、收获意外美好的过程。

但我们作为非相关领域的家长，想获取艺术节的一手资讯还是比较困难的，甚至都不知道从何开始。要带孩子参与适合他们的艺术节，我们需要做这样一些准备工作。

查询官方资讯：按照由近及远以及孩子是否感兴趣的原则，提前了解国际和国内相关的艺术节活动资讯，包含活动的具体主题、时间、地点和参与要求等。国外的活动一般要在官网或国内指定的官方代理平台上查证，切记核实信息的真实性，以防上当受骗。国内的活动，则关注对应官方公众号、网站等。

确认和行前准备：根据搜集到的资讯做出选择，若选择参加赛事类的艺术节，要评估孩子的资质，并准备好参加艺术节所需的材料和服装。涉及住宿、交通和用餐等，则需要参照前几节的内容做好预订准备，并注意提前关注安全和健康方面的因素，做好预防措施。

或者干脆选择跟随熟知艺术相关领域的朋友或意见领袖（KOL）去游学，这样可以省去自己做准备和攻略的麻烦。

做好这些准备工作后，就可以根据适合孩子的艺术节，展开这趟特别的旅程了。为了让孩子感觉到趣味性，以及与他们的相关性，别忘了运用我们的“游戏力法则”。

现在，让我们一起用下面这三种游戏的方式开启亲子艺术节美育之旅。

这里，我将借助我的一次亲子艺术节美育经历来分享艺术节的相关玩法。

2022 年 11 月 18 日，中国大地艺术节之广东南海大地艺术节——“艺术在樵山”在广东大湾区隆重开幕。来自 15 个国家和地区的 134 位艺术家，在这里创作了属于这片大地的在地艺术作品。

我和朋友选了一个周末，带着孩子说走就走。这种近在身边的艺术节，是亲子美育的绝佳机会。那是我第一次带孩子参加这种以自然乡村为主要活动场所的艺术节，孩子非常开心。

游戏一，行走的“艺术家”

在这次参与的“大地艺术节”中，我们的路线涵盖了西樵山、平沙岛、听音湖，贯穿乡村、山川与岛屿。我们事先并没有做具体的规划，而是以“行走的艺术家”的身份设定，两个“妈妈艺术家”带着两个“小艺术家”一起探索。在西樵山的风景变换中，我们不仅被山的灵气和书卷气所感染，还意外遇到了来自不同国家、不同地区的艺术家的装置艺术作品。这些经过精心设计和策划的装置艺术，巧妙地“隐藏”在峰回路转之间，就像童话世界中仙女一挥手变出来的场景，让孩子们欢呼雀跃。

当我们都扮演着行走的艺术家角色时，我们对突然出现在眼前的巨型艺术作品自然带着欣赏与好奇的眼光，分别说出自己的解读。每次看到作品的第一眼，孩子们都超级兴奋，他们奇异的想象力总能带给我们意想不到的惊喜。

行走的“艺术家们”，一边欣赏艺术，一边想象艺术，一边就可以开始“创作”了。孩子们在地上捡起几片树叶，拼成一根小巧的“胡萝卜”，放在一个巨大的兔子装置前，他们说这是给兔子准备的夏日“宵夜”。在参天大树之间，他们忽然小手一指：“看，那棵树长得像一颗爱心！”于是，他们为这棵树取了一个充满爱的名字——爱心树。恰好西斜的阳光照在爱心树的树顶，孩子们沿着森林中的小径奔跑至爱心树下，阳光洒在他们的童年和心中，两位“妈妈艺术家”的脸上全是金色的笑意。

平沙島的微笑

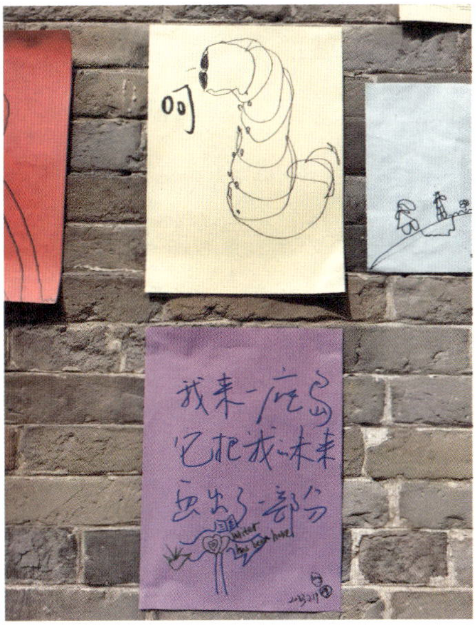
呵

游戏二，发现“不确定”的游戏

成年人喜欢确定性，而孩子则需要在“不确定”中训练敏锐的感知力。事实上，孩子往往对“不确定”的事表现出更欢悦的接纳。在整个大地艺术节中，由于涉及八个艺术分区，全部是南海地区的乡村区域，因此，不确定的行程、转场以及不确定的艺术展览内容，通常会给大人带来一些“好累，好烦”的心理。但越是碰到“不确定”的事情时，越需要父母带着孩子主动调整心态，将“不确定”转化为一场“游戏”。

记得我们在西樵山时，在幽深曲折的石阶和古亭之间，沿着四方竹林拐来拐去，以为路线设计是要引人入寺庙，最终在我们快要放弃的时候，突然豁然开朗，在重重障眼法和看似毫无关联的不确定中，我们到达了一个小山坡。山坡的另一面，就像打开了一个神奇的世界：四峰书院遗址，灵秀隽永，豁然眼前，参天古树像个学识渊博的老爷爷环抱着这座古老的屋子。书院古屋内，满墙的“喵喵妙”百猫壁画，居中座位上那只炯炯有神的虎斑猫，好像等待它的同类多时了，一下子就吸引了两位“小艺术家”奔跑过去，眼里放着喜悦的光，刚刚爬台阶的疲惫一扫而光。书院旁边，有一个巨型金属结构的艺术装置，从不同角度看去，都是对称的。在四方书院这别有洞天的斜坡草坪中，一排向阳的五彩花朵像娃娃们的笑脸斑斓绽放。在这场发现“不确定”的游戏中，孩子们都不想走了，兴奋得满地打滚。

广东·南海大地艺术节，《喵喵妙》艺术作品

游戏三，遇见大师的“孩子面”

我一直认为，艺术大师们的内心深处始终保留着某种“孩子面”的纯真。曾经与一位美院油画系教授交谈，他告诉我，有些艺术家特意用孩童的笔触来画画，那是他们在表达内心对艺术的纯真追求。

我们在郭达麟的装置作品《虫洞》中钻来钻去，孩子们说：“我们钻进了蚕妈妈的肚肚里，是不是就要变成蚕宝宝了？”当我们走近西樵山池塘中的百安木设计的景观装置《上岸》，孩子们雀跃道：“小狮子们要上岸了，我们去迎接吧！”

在艺术的世界里，最开心的一部分是，孩子遇见“孩子”。童心与“童心”是相通的，小孩子有时一秒就能从作品的形式、主题中捕捉到作品背后“简单到不能再简单的感动与意趣”。

当我们以这样的方式去参与艺术节，会收获一系列意料之外的美好。

我们可以先走出去参与，随后带着好奇与疑问去溯源与发现。

大地艺术（Land Art），这个概念最早起源于 20 世纪 60 年代的美国。一些艺术家希望通过与自然相结合的作品，让人们更好地了解和思考人与自然的密切关系，促使我们反思一些自然生态与人文艺术的话题。

小贴士

全球著名艺术节

- 爱丁堡国际艺术节
- 维也纳艺术节
- 柏林艺术节
- 雅典艺术节
- 美国林肯中心艺术节
- 巴黎金秋艺术节
- 新加坡艺术节
- 威尼斯双年展

国内艺术节

- 上海国际艺术节
- 香港艺术节
- 亚洲艺术节
- 广东南海大地艺术节
- 乌镇戏剧节
- 贺兰山亲子艺术节

大地艺术有三个明显的特点：一是在地性很强，结合了当地的文化；二是持续性，艺术家的创作要考虑作品与在地文化环境的结合，以及建筑或艺术作品可以保留的时长；三是创意性，与大地有巧妙的构思与关联，让人一看就忍不住发出赞叹。

全球规模最大、最著名的大地艺术节，是2000年日本举办的“越后妻有大地艺术节”。经过20多年的发展，它不仅推动了当地乡村的发展，如今也成为国际户外艺术节的典范和旅行目的地。它给我们做了一个很好的大地艺术示范。

如果不是因为参加广东南海大地艺术节，我们可能也不会实地探访平沙岛。我们在岛上的村落之间行走，仿佛按图索骥，拿着手册挨个探访作品。当我们遇见日本新生代建筑师藤本壮介设计的作品《蚕房美术馆》时，立刻就被这一排排老式旧宅改造的新空间所吸引。那由横梁架起的屋顶，穿插其间的玻璃瓦片，以及投洒下来的光亮，莫名让人觉得有趣和喜悦。内墙的红砖被涂上了一层若隐若现的灰白石灰粉，营造出一种既复古又现代的设计氛围。一些雨伞、画报、小物件组成了这次大地艺术节的创意周边物品。这个空间融合了咖啡厅和艺术展，将当地居民生活的原貌以现代年轻人能接纳的方式，恰到好处地进行了嫁接。旁边的“森林之光”和“水天一色”重构了朴实的在地文化与自然景观，光影之间，人们又重新发现这座岛屿未被发现的新生命。

这些意外的美好，都源自我们的一次决定：“哦，这里有一个大地艺术节，走，去看看。”它成为我们2023年最美好的亲子美育时光之一。

对于以参赛为主的艺术节，以及城市单位举办的艺术节，我认为同样可以采用以上三种玩法。关键在于亲子参与和体验整个过程，以及所见艺术作品的重量级，而不在于比赛的输赢。就算遇到不喜欢或不合适的活动，也可以随时放弃参与，不执着，不挑剔，以随性随心的心态，陪伴孩子度过一段舒心的旅程最为重要。

艺术，是鼓舞人性自由的。孩子在这些文化活动中，就等于被赋予自由的超能量。在艺术节中，他们只为邂逅一段意外美好的生命体验，从而丰富和滋养他们的自由身心。

因不同艺术节每次举办的主题和面向的人群不同，具体还需根据实际需求进行筛选。

第二章

『诗词名城』篇

第　一　节

“穿越”在历史名城，与诗人“对话”

西安 / 南京 / 杭州 / 苏州 / 洛阳 / 敦煌

自古先贤圣哲、文人墨客，无论最终从政还是从文，早期都是在“读万卷书，行万里路”的模式中探索世界、认知自我、追寻理想的。遍游大半个中国的“诗圣”杜甫曾说：“读书破万卷，下笔如有神。”仕隐兼修、怡情山水的明朝书画家董其昌在《画禅室随笔（卷二)》中论作画：“读万卷书，行万里路，胸中脱去尘浊，自然丘壑内营，立成鄄鄂。”(意思是读书和游历能去污浊之气，胸中自然建设沟壑，能很快作出有神韵的画作。）凡留下过著名诗篇、著作的诗词名人，无不一边阅读前人的作品，一边去有历史文化意义的地区游历。

“读万卷书，行万里路”最早是指古代读书人进京赶考、走入仕途。演变至今，它已成为中国读书人心中求索人生发展路径的一句口号。

读书，给孩子们打开了一扇窗。透过这扇窗，孩子们得以窥见由历史、城市和人文构建的世界。他们想知道学校历史课本中提到的“古长安”经历了怎样的风云变幻，想了解语文课上频繁提到的诗人李白为何也会“低头思故乡”……书本叙事，已无法满足孩子们那与生俱来的探索户外世界的好奇心。随着课本学习的日益丰富，他们越加想找到一扇门，走出去，抵达一个全新的领域，去知识的密林中一探历史的究竟，释放他们对世界的强烈探索欲与求知欲。而距离这个新入口最近的地方之一，就是当今的“历史文化名城”。

这时，就轮到家庭教育的主角——父母出场助推了。“穿越历史名城，与诗人对话”的亲子游学，其实就是语文、历史课堂学习的深度延伸，就是带孩子找到那扇门，走出去，与书本中的世界真实相遇，与历史和诗人跨越时空相连。让孩子在“可触摸的一切事物的感官刺激中”习得拓展性极强的历史人文相关知识，并积累丰富的创造性、美学、常识等各个维度的素材，进而建立属于孩子自己独一无二的人生体验能量宝库，从小滋养和提升自身的人文美学修养。在孩子未来成长的过程中，无论何时需要，这些宝贵的生命能量财富都将为他打开更多、更广阔的“世界之门”，创造更多可能的条件和机会。

近年来，国潮、国粹等国风文化旅游日渐盛行，甚至已成为Z世代[①]年轻人的新时尚和新日常。想象一下，父母带孩子来一场“历史文化名城穿越之旅”，穿上汉服，从中国四大古都之一的北京、西安、南京或洛阳开始，一路探索，与喜欢的诗人对话，孩子们该多兴奋！这样的游学方式让孩子们对历史、城市的发展与变迁，以及古代著名诗人的诗词，有了更深刻的认知和解读。孩子们以“历史的小探秘者”身份，自由地玩“穿越”，在不同地方与古代诗人们聊天对话。在诗词中，你说上一句，我对下一句，既好玩又有趣。在这个过程中，将“生硬静态的文字历史”活灵活现地演绎成属于“我这个历史小探秘者理解到、感知到、体验

① 也称“网生代”“互联网世代”，通常指的是1995年到2009年出生的一代人。

到的历史”。这种历史与诗词的游学方式，将玩和学结合得充满欢乐和意义，能有效增进孩子在小学及初高中阶段的语文和历史的积累与学习。这种学习体验可能一辈子都忘不掉。同时，随着大语文时代的到来，这种学习方式也能给孩子的语文学习打下坚实牢固的基础，让语文学习在后续阶段变得轻松，甚至能受益终生。

行前准备：变身编剧，写一部历史“穿越剧”

美国心理学家、儿童发展教育家、亲子关系专家劳伦斯·科恩在其经典著作《游戏力养育》一书中提到：“与孩子建立联结主要有两种方式：第一种是游戏，因为儿童生活在游戏之中，游戏是儿童的世界；第二种是情绪理解。”受到这一理念的启发，我带孩子进行游学时，总是避开常规的套路。每一次远行，我都把“玩”放在第一位，在行程中设计各种好玩的场景和游戏，让孩子能在游戏中探索并发现新的兴趣点，每次都有惊喜和收获。

根据我个人的游学经验，去历史名城旅行，需要先了解城市的历史故事，能被人们记住的总是那些鲜活生动的人和故事。那些曾游历过这些名城的文人墨客，曾经在这里留下过哪些有启发意义和借鉴意义的故事？他们因为这些经历发出过怎样的人生感叹？他们因此写下的诗篇为何能被久久传颂？

想知道这些问题答案的大小“好奇宝宝”们，我们不妨玩一场“历史穿越剧”。以“穿越”的游戏形式，“回到”那座城市和那个时代的具体场景里，发挥丰富的想象力，去和那些诗人对话、吟诗，甚至辩论。在“穿越剧”里，父母和孩子们一起，或按照剧本演绎故事，或即兴进行一场行为艺术。这种独特的游学方式将帮助我们感受历史名城的文化魅力，并将诗词歌赋的底蕴刻进心里。

现在，让我们一起开始“最好玩”的准备吧！

第一步，收集资料，挑选喜欢的历史名城和相关诗人名篇。

中国有哪些历史名城？你想去的这些城市有哪些相关的古代诗人及其名篇？他们背后又有怎样的故事？带着这些疑问，和孩子一起在相关史料、书籍、影片中寻找答案。

中国历史名城众多，我建议值得去游学的主要历史名城有西安、南京、洛阳、北京、杭州、苏州、敦煌。

首先，推荐的城市是中国的四大古都——西安、南京、洛阳、北京。因为历史上许多著名的诗人都曾游历过所属时代的都城，也顺带有一些趣闻逸事。顺着这个脉络，我们也可以查阅中国历代简史，帮助孩子建立基本的历史观。

其次，这些历史名城是出现相应诗人名篇概率最高的城市之一，有助于孩子在资料的海洋中，获得充分的“穿越”素材，并查阅到丰富的资料，感受到成就感。

按照喜欢的历史名城和诗人名篇，边收集资料边做备忘录表格，以下表为例。

推荐的历史文化名城和诗人名篇相关知识点

历史名城	名城印象	相关历史诗词名人	相关诗词	相关人物故事
西安（古称：长安、镐京等）	古长安， 世界历史名城	李白、杜牧、柳宗元等 唐代四大女诗人：薛涛、鱼玄机、李冶、刘采春	李白《清平调词三首》； 杜牧《过华清宫绝句三首》； 薛涛、薛郧《咏梧桐》； 薛涛《牡丹》	薛涛与父亲薛郧在自家院子合吟《咏梧桐》； 李白与唐玄宗、杨贵妃、高力士的故事：贵妃研墨、力士脱靴。
南京（古称：金陵、应天府等）	六朝古都， 十朝都会	李白、刘禹锡、李清照、杨万里、谢朓等	刘禹锡《乌衣巷》； 《石头城》	《乌衣巷》一诗，刘禹锡只是路过南京，匆匆看了一眼乌衣巷所作，便成为流传千古的经典之作。
洛阳（古称：神都、洛城等）	天下之中， 丝绸之路东方起点之一， 华夏文明发祥地之一， 牡丹花城	左思、刘禹锡（洛阳人）、白居易（晚年居洛阳）、孟浩然、杜甫、李白、王维等	左思《三都赋》； 白居易《洛阳春》； 孟浩然《上巳洛中寄王九迥》； 杜甫《洛阳》	洛阳纸贵：人们因竞相抄写左思的《三都赋》，导致一时“洛阳纸价大涨”。
北京（古称：燕京、蓟城、涿郡、幽州等）	中国首都， 四大古都之一，世界文化遗产数最多的城市，世界一线城市	陈子昂、高适、卢照邻等	陈子昂《登幽州台歌》、《蓟丘览古赠卢居士藏用七首》； 高适《蓟中作》	陈子昂是一位有政治远见和抱负的文学家、诗人。在武则天统治时期，他随军赴边塞出征，但因政见不一而屡遭挫折。他之后登上蓟北楼，有感而发，吟出千古绝唱：“前不见古人，后不见来者；念天地之悠悠，独怆然而涕下。”

续表

历史名城	名城印象	相关历史诗词名人	相关诗词	相关人物故事
杭州（古称：临安、钱塘等）	人间天堂	贺知章、苏轼、白居易、杨万里等	贺知章《咏柳》；苏轼《饮湖上初晴后雨·其二》；白居易《钱塘湖春行》；杨万里《晓出净慈寺送林子方》	苏轼在杭州任职期间，对杭州西湖进行了疏浚和整治，筑成了苏堤，并写下“最牛广告词”：“欲把西湖比西子，淡妆浓抹总相宜。”
苏州（古称：平江、吴中、姑苏等）	东方威尼斯	张继、常建、李商隐、李白等	张继《枫桥夜泊》；常建《题破山寺后禅院》；李商隐《陈后宫》；李白《乌栖曲》	张继考取进士后不久，遇上“安史之乱”，唐玄宗携杨贵妃仓皇奔蜀，时局动荡之间，失意的文人为了避乱排忧，来到江南。一个秋天的傍晚，小船停靠在苏州城外，张继有感而作羁旅诗《枫桥夜泊》。
敦煌（古称：沙洲）	世界文化遗产；莫高窟；丝绸之路重镇	四大边塞诗人：岑参、王之涣、王昌龄、高适	岑参《敦煌太守后庭歌》；王之涣《凉州词》；王昌龄《从军行》	“黄沙百战穿金甲，不破楼兰终不还”是王昌龄在西北边塞所作《从军行》中的千古名句，他是唐代边塞诗人中最早在西北生活、投笔从戎的诗人之一。
其他	自定义	自定义	自定义	自定义

建议将这一步的准备，放在寒暑长假来临之前的周末及课余时间。等到长假正式开始前的一个月，再确认准备的具体事项，这样就不会有压力。包括平时的阅读书单，也应该根据所选择的游学主题来规划，这样有目的的阅读会比漫无目的、随意翻阅的阅读更具有成效。

第二步，创作“穿越剧”的故事情节，并分配角色和任务。

现在，可以带孩子一起创作“穿越剧”剧本啦。在创作之前，父母和孩子可以成立一个“剧组”，如果有其他家庭和朋友也参与进来，角色和任务将更加丰富。创作形式可以是文字、表格、图画或“创意结构树”等。

首先，列表分配一下角色和任务，大家就按照“剧组分工表”来分头行动吧（如下页表示例）。

其次，要重点设计一个把“学和玩”完美结合的“剧情”，因为这是本次游学活动的核心。剧情如何设计呢？这里推荐两个我平时常用的造剧方式。

方式一，借鉴“写作六要素”，按照以下要素设计剧情内容。

时间：从公元 2024 年穿越到唐朝（对应朝代）

地点：出发城市穿越（行程交通）对应历史名城、某个景点

人物：现在的我、父母角色变化成对应朝代名城中的我、相关角色

剧组分工表

分组	负责的工作内容	责任人	筹备日期	备注
导演组	总指挥，总领队	爸爸或妈妈		
剧本组	负责剧情、故事、人物搭建，可根据查阅到的素材展开想象（由孩子先想象构思，父母帮助执笔）	孩子为主 父母辅助		
演员组	全家一起，根据剧本故事，分饰不同角色	孩子可以体验的关键角色：诗人或诗人同时代的其他文人朋友		
服化道	负责服装、妆容、配饰、道具（可量力而行，或当地找租赁，一般景点都有）	爸爸或妈妈		
美术组	负责整体审美搭配指导（可由妈妈担任，充分尊重孩子意见）	妈妈为主 孩子参与		
后勤组	负责全程交通、食宿、物料协调（全家一起分工担任）	爸爸为主 孩子参与		
摄影摄像组	负责视频的拍摄记录（父母担任，可在安全前提下适当让孩子参加）	父母为主 孩子参与		
机动组	负责临时情况的应对	爸爸或妈妈（同总领队）		
其他				

事件：穿越后的“我”在名城和诗人“对诗”

经过：奇思妙想问诗人，朗诵诗人的诗，做诗人做过的事

结果：将这座历史文化名城游历一圈后，“我”变成了能“出口吟诗的诗人”

“结果”参考标准：孩子在去过的每个城市都能背出三首名诗或讲出三个历史故事，并对应写出散文和记叙文，记录他对诗人和诗歌表达的情怀追求的理解。

方式二，自古希腊哲学家柏拉图提出“我是谁，我从哪里来，我要去哪里”的哲学三问以来，人类在探讨重要命题、探索自我和人生意义时，就会这样发问。现在，我们将这三个哲学问题“转移置换”到“穿越剧”的创作中。我们可以按照以下结构来设计剧情内容。

我是谁？我从哪里来？我要去哪里？

我是谁——角色定位：穿越后将扮演谁？

1. 爸爸：穿越成同时代的诗人

2. 妈妈：穿越成目标诗人本人

3. 我：现代访客角色，穿越到目标诗人身边

4. 我穿什么衣服，什么性格，有哪些行为，会写哪些诗，写的诗可以修改吗

我从哪里来——来处定位：穿越之前，我在哪里？

1. 我出生在哪里

2. 我将从哪儿（一个城市？一条街道？一次梦境？）穿越到过去

我要去哪里——城市及场景定位：穿越到哪个城市？哪个朝代？会见到哪位诗人？

1. 推荐历史名城：西安、南京、洛阳、北京、杭州、苏州、敦煌

2. 我穿越到的这个城市给我什么印象

3. 这个城市有哪些相关历史诗人及诗句

第三步，准备出行及物品清单。

确认好想去的历史名城，收集完相关资料并完成剧本故事创作。接下来，我们要做的事是列出出行前的清单。

1. 剧本物料：汉服及相关饰品，打印剧本、诗人卡、诗词卡、城市标签卡

2. 出行清单：参照之前的准备清单表格，并根据本节游学内容做相应调整

★ 准备清单

出行清单	行动内容	备注
游学主题	穿越在历史名城，与诗人对话	
时间计划	推荐：首选寒假或暑假，其次法定小长假，单次出行周期为1周或根据个人情况自定义 注意：在确保不影响家长工作和孩子课业的前提下，尽量考虑亲子共同的假期，或灵活安排	
行程规划	推荐路线：西安、南京、洛阳、北京、杭州、苏州、敦煌，可以根据实际情况规划游学顺序，一次单个或几个城市组合 按照交通便利、路线流畅、时间可控这三个原则来规划	
物品清单	游学物品清单：历史文化名城地图、文化景点地图（可查阅电子版）+城市印象标签卡+多色圆珠笔和空白笔记本、手账本+其他 穿越剧服化道清单：服饰、相关道具（如国风扇子）+诗人卡+台词本+其他 出行物品清单：身份证+相关门票预约+轻便背包，包内装旅途日常用品（如干湿纸巾、汗巾、口罩、水等）+行李箱（内装雨伞、衣物、充电设备等）+其他	

续表

出行清单	行动内容	备注
预订事项	门票：有的参观地需要门票，有的免费开放，建议出行前，先在对应目的地官方网站查询好相应信息 住宿及交通：根据距离选择合适的交通方式和住宿安排，高铁、飞机、长途大巴、自驾等均需至少提前1周做好票务预订及路线起始点的研究；住宿可根据预算情况，选择与参访点距离合适、价格在可接受范围内的民宿、亲子主题酒店或星级酒店等，越早预订越划算 用餐：出发前最好能规划好就餐的餐厅，可选当地比较有代表性的在地美食（注意结合在地文化美食、健康卫生两个维度进行选择），临近用餐前的一天或半天，通过电话确认预订，以防因临时找不到餐厅而耽误时间，或高峰期没有餐位需要等候	
注意事项	天气：提前做好天气查询（根据天气准备出行物品，如雨伞、雨衣、雨靴等） 安全：安全第一，各参访地均有各种注意事项提示，请遵守规定，不要出于好奇攀爬楼梯或进入潜在危险的地方和区域，看护好孩子，特别是在陌生的环境中，确保孩子不要离开父母的视线 形象管理：不要在公共场合大声喧哗或嬉闹；不穿拖鞋或暴露的衣服，加强自我修养管理，不仅要管理好个人外在形象，也要管理好个人素养形象 异动情况：行程中随时关注孩子的身体和情绪状态，给予及时的照护；若因天气或不可控因素不能按计划出行，可提前查询是否可以退改门票及交通行程，妥善安排 良好心态：这本质上是一次全家人的亲子旅行，应本着全家人开心快乐的原则进行。虽然计划了很多好玩有趣的内容，但也要根据孩子的承受能力随时灵活调整	

小贴士

1. 准备过程中，建议父母和孩子一起遵循“环保出行”的原则，优先使用环保物品。

2. 父母应鼓励孩子按照项目试着自己思考和动手准备，父母只需要帮助补充完整，而不是包办，并适当给孩子分配力所能及的任务，共同享受“友谊出行”的乐趣。

3. 出现任何计划以外的情况，都请第一时间保持“情绪稳定”，父母不要焦虑，有变化就积极应对，带着“随时准备好接受各种美好情况的发生”的心态，这样，您和孩子就能真正收获一次美好的游学旅程。

穿越在历史名城游学：与诗人对话，我问×××

经过长时间的筹划，终于要出发去心心念念的历史名城，心中是否有一种莫名的亲切感？没错，因为我们已经提前做了大量的功课，研究了目标城市的历史，因此显得格外期待和亲切。

根据我的实际经验，到了目的地，这场“穿越剧”游戏通常会出现两种情况。

第一种就是做戏做全套式的“穿越”，这需要父母和孩子具有超高执行力，愿意从头到尾贯彻最开始的设想，真的来玩一场“穿越剧”。穿越剧最终不仅照着剧本演了，在父母的合理引导和鼓励下，孩子即兴创作出很多意外的精彩。父母和孩子始终保持协作，带着玩和学的好心态，能让这种“穿越剧”式的游学，达到远超预期的游学效果。

要达到这种理想效果，我们需要采取哪些关键行动呢？关键在于尽可能地将自己置身于与历史场景相似的环境和氛围中。在这种投入感和体验感的带动下，设身处地地去体验，才能把对历史人物和诗词的表层解读内化成深刻的认识。

第一个关键，出发前 3 天，作为这次游学旅程的家庭总导演，你需要引导家庭成员进入角色，提前预演，甚至组织“全家剧组成员”开会。根据剧本和台词稿，目的地城市的相关景点，全员需再熟悉几遍（其实就是帮助孩子加强一下知识点）。准备好台词稿，清点服化道物料（这次旅行所需物品较多，但非常值得），确保全家人都明确此次穿越之旅的目的：“开心出发，演一场大家都有收获的精彩穿越剧。”

第二个关键，出发的旅途就是时空切换的“穿越中”模式，享受这次特别的切换时光。可以用视频或图片记录出发时的场景，乘坐交通工具的过程中，可欣赏沿途风景，剧本组成员可抽出半小时，带大家再次熟悉台词和剧情，累了就睡觉休息。

第三个关键，抵达目标城市后，先去参观一遍历史文化景点，然后逐渐从语言和行为上切换成“古装历史剧模式”。到达历史名城啦，换上古装，游览相关历史人物及故事的文化景点后，导演组说“开始”，大家就各自进入角色扮演，以新的角色代入到相关景点。此处关键物料，记得提前做好城市标签，如“南京，六朝古都，我来啦！”。

剧情演绎上，可采用分片段的方式进行。如在古都西安的兴庆宫沉香亭，父母可以分别扮演唐玄宗和杨贵妃，孩子扮演李白，演绎一段“李白获唐玄宗恩宠”的经典场景，以及贵妃研墨，力士脱靴（爸爸兼任扮演）等情节，孩子则可以即兴背诵李白的名句，如“云想衣裳花想容，春风拂槛露华浓”。

如果摄影组人手不够，那就分开拍摄，孩子演绎时，父母中的一位可以负责拍摄。总之，演绎的过程要活泼轻松，以“玩”的心态来演绎这场“历史穿越剧”。

第四个关键，穿越剧中的亮点之一就是“与诗人对话”。这涉及如何引导孩子向历史中的名人提问，这里列出以下几个方向供参考。

1. 请孩子自己先思考。在了解这些历史名人的故事和作品之后，鼓励孩子提出所有疑问，即使是那些天马行空的问题，也应该得到鼓励。因为思考的过程虽然不一定符合大人期待的逻辑性和结构性，但反映了孩子内心的即时感知，这种感知对孩子吸收和内化信息至关重要。

2. 从孩子提出的问题中引导他进行“形象化”整理。比如孩子可能会问：“李白有那么多朋友，是不是给每个朋友都写了一首诗？”这时我们可以帮孩子从具体的事物上进行分类，如朋友、食物、风景等，从而帮孩子学会提问的分类逻辑。

3. 地理位置也可以帮孩子聚焦问题。如在西安，可以向李白提问；在南京，可以向刘禹锡提问；在洛阳，问左思；在北京，问陈子昂；在杭州，问苏轼；在苏州，问张继；在敦煌，问王昌龄。

以下是一些“我问系列”的参考，父母可以根据实际情况引导孩子进行提问。

(1)“李白，你好呀，我来自公元2024年，是你的忠实粉丝。你写了那么多著名的诗歌，那你从小读了多少书呀？哪些是必读书目呢？那些书都要背下来吗？有什么记忆的窍门吗？”(李白可能会回答：窍门就是每天清晨反复朗诵，直到能脱口而出，我就是这么做的。)

(2)“你们高兴的时候写诗，不高兴时也写诗，吃饭喝酒也写诗，写那么多诗，哪来的灵感呀？”(李白可能会回答：我的灵感一部分来自我每天的大量阅读，一部分来自向优秀的朋友学习，还有一部分来自对眼前情景的细致观察和丰富想象。)

(3)“你的梦想是什么呀？”(李白可能会回答：我想帮助我们的国家变得更强大，尽管我最后成了一名诗人。我60多岁时还想为国家效力，但那时我又老又病。梦想还是要有的，虽然不一定能实现，但它能激励你不断努力，并且收获与众不同的人生。）

第五个关键，完成第一个文化景点的剧情后，趁着休息时间，父母可以根据孩子的状态适当进行一些交流。

第一步，从关注孩子的“情绪状态”和“心理体验”入手，提出一些开放式的问题。

Q1：宝贝，刚才我们这场“穿越”真是太精彩了，爸爸妈妈发现你有很多闪光点，我们都感到很惊喜。可以跟我们分享一下你现在的心情和感受吗？（请孩子谈三点）

第二步，鼓励孩子增强自信心和自我认同感，以及允许孩子发挥天马行空的想象力。

Q2：宝贝，我们的第一幕穿越剧在你的大力参与和创意想法中顺利完成啦！你简直是个天才剧作家和表演艺术家，爸爸妈妈都要崇拜你了！能不能跟我们分享一下，你在构思剧本和表演的时候，是怎么想到这些创意点子的？有什么新的发现吗？

第三步，引导孩子把刚才的“穿越剧”再复述一遍，加强知识点的记忆，并激发孩子多视觉、多维度的语言表达能力。

Q3：宝贝，为了帮爸爸妈妈更好地理解穿越剧，并在接下来的演出中更好地配合你，我们想请你从城市印象、剧情设计、名人故事三个方面跟我们再回顾一下刚才的剧情，可以吗？

第四步，引导孩子进行“迁移能力”式的思考、学习、输出。

Q4：宝贝，你觉得今天“穿越”所遇到的诗人是怎样的人？他在生活中经历了哪些难处，是怎么克服困难的？他的诗歌写得怎样？如果是同样的题目，用现代文字来写这首诗，你会怎么写呢？（孩子如果说出来，父母可以记录下来，作为珍贵的回忆。）

第六个关键，当一个城市的穿越剧全部完成后，父母可以带孩子一起剪辑一部名为《我的穿越剧——××篇》的视频，作为一次珍贵的亲子游学纪念。同时，剪辑视频的过程也是对所学知识进行再次复习、查补错漏知识点的过程。

以上说的是第一种“穿越剧被理想执行”的情况。

还有第二种情况，即穿越剧最后并没按计划顺利执行，而是以简化版、不演戏的方式进行“穿越”。也就是没有剧情和服化道（顶多到了目的地后，找租赁的服化道店铺匆忙拍一套写真而已），和孩子直接来到目标城市走一遍。这样“游戏”感不强，孩子参与的热情度和记忆点不会太深刻，体验效果当然没有第一种“沉浸式”的“穿越剧”来得过瘾。但因为每个家庭的行为模式和感知系统是不同的，每个孩子也是独一无二的，就算行程最后变成了不受控制地吃喝玩乐，只要孩子是真的开心，行有所获，又有何不可呢？

无论最终是哪种情况，我们做这一切都是为了带孩子更沉浸、更快乐地“玩”，其中包含的知识和体验自然交给孩子，他们的感官吸收能力远比成年人敏锐。

因为孩童是靠感官系统来习得知识和经验的，只有被真实感知到的体验才能深入孩童的内心，进而提升孩子的智力和促进身心协调发展。我们是培养“拥有丰富人生体验的孩子”，还是培养一个“拥有很多知识但与真实世界脱节的孩子”，作为一个明智的家长，你应该知道选哪个了吧？

第　二　节

寻找唐诗宋词中的“美”

美食 / 美景 / 美物 / 美事 / 美人

著名美学大师、作家蒋勋在《蒋勋说文学之美》中谈到，唐代是诗歌的盛世，在中国美术史和文学史上都是一个“花季”时期，而宋词是从唐诗和晚唐五代词逐渐演变而来的。唐诗讲求形式完美、结构规整、声律押韵，探索“宇宙观与自我”。相较之下，宋词更注重与音乐的合拍、关注生活的风花雪月，以及实现伶工与士大夫的雅俗共赏。唐诗宋词共同构筑起整个中国文学史上的两座高峰，以一段绚烂且永不凋谢的“春华秋实”照耀后世千百年。

清代蘅塘退士编选的《唐诗三百首》，其原序如是说：“俾童而习之，白首亦莫能废。谚云：‘熟读唐诗三百首，不会吟诗也会吟。’请以是编验之。”受其启发，晚清词学宗师上疆村民编选了《宋词三百首》。这两个编选本均被公认为最流行的唐诗宋词选本，流传至今，并经由不同学者、作者进行译注。多亏了这两位先辈，他们倾注心血，从数万首唐诗宋词中，精编细选出三百首脍炙人口的佳作，才得以让后世子孙从孩童时起就能手捧这两部开蒙经典。

左手唐诗，右手宋词，在朗朗上口的声律和鲜明的人、事、物意象中，中国孩童自幼就可沐浴着唐诗宋词的美学启蒙长大。经年累月的熟读或背诵固然是好的，但要想让孩子主动感受到诗词中的美，还需要父母们“轻轻地牵引”，直到孩童的心在某个瞬间自动感应到“那种说不出的美”，会把“盘中餐”“思故乡”“小娃撑小艇”“日暮掩柴扉”“春草明年绿”“离离原上草”等诗句，在生活中相关或对应的场景里脱口而出，就如同一朵花在适当的时刻绽放，到了一定程度，孩童自己就可以接续上这种语言的生命力。

寻找唐诗宋词中的“美”，是为了培养孩子丰富的感受力、敏锐的创造力，以及主动感受美和发现美的自我疗愈能力而设计的一种亲子主题游学方式。通过有趣的游戏设计和生活观察，以“唐诗宋词”为“载体”，以“寻美”为线索，让孩子自己在唐诗宋词中寻找和发现关于美的具体对象：美景、美食、美物、美人、美事。通过具体的美学对象，增强孩子的美学语感，滋润美好的心灵，帮助孩子更轻松地认识和了解诗词，而非单纯地死记硬背；同时，这种活动潜移默化地为孩子的语汇宝库注入中国文化的美学精髓，为孩子的语文学习打下坚实的基础。

十年前，我读蒋勋老师的《美，看不见的竞争力》时，觉得这本书就像有一种看不见的魔力，让我混沌的审美观念逐渐变得清晰。在他讲《富春山居图》和黄公望、陶渊明和他的田园时，在他娓娓道来的诗词书画背后的人和故事中，我体会到他对美的解读：“美是你懂得选择，美是一个重要的、有生命力的、开拓的部分，它也不是考试和学分所能衡量的。”

如今，我才懂得，年少无法言表的那种体验是因为我当时受到了“诗词美学的滋养”，与诗词中的语言所营造的美学意境和情感产生了强烈的共鸣，这就是一种自小在唐诗宋词中培养出来的珍贵的“感受力”。艺术家、音乐家、诗人、哲学家等一般拥有比常人更强的“感受力”。而这份感受力，就是蒋勋老师说的“看不见的竞争力”，它可以带领我们做任何想做的创造性领域的事。未来的世界不再仅仅是由我们惯性认知系统中的“积木模式”一步一步推进的，而更多的可能是有创造性、随时触达多面维度的“万花筒模式”，即一面到N面发散式推进的。

在品读唐诗宋词时，我们会感受到有数不尽的“美的元素”汇成源源不断的溪流，不断灌溉和滋养着我们。我想，唐诗宋词对于孩子来说，最重要的不是背诵，而是借助唐诗宋词这个“美学宝库”，激发孩子最初的美学感受能力，帮孩子构筑“看不见的未来竞争力”。

现如今，解读唐诗宋词的书籍资料非常多，但对于孩童的思维特性来说，他们更喜欢在具体的游戏和事物中习得知识。对于有着一定时代距离的语言文字，如何将它们中最有“美学养分”的“矿物质元素”引流进孩子的心田，引起“美的化学反应”，并最终“开花结果”呢?

寻美“唐诗宋词”亲子游学是一段漫长的旅程，如果父母愿意，可以陪伴孩子直到他们18岁，所以这段游学不必着急，也不必过早就放下。父母带孩子既可以放眼于远方的诗和田野，去打卡式游学，也可以带孩子主动探索生活在当下“不被发现的诗意”。所以，这一节讲到的寻美游学，不同于其他主题游学，并非必须出门才能“游和学”，既可以根据诗词主题出行，去对应城市或地区打卡，也可以在日常生活中“游和学”。下面，我们将分三种方式来展开介绍。

拆词游戏：让诗词中的“美”自己跑出来

唐诗宋词给我们印象最深的就是其中蕴含的各种“美”：美好的风景、事物与情感。

以唐诗为例，我小时候要反复诵读才能记住，而长大后则稍微看一两遍诗句，就能很快记住。这是什么原因呢？其实，成人是靠理解和经验来记忆，而孩子是靠感觉和声律来记忆。但由于古今语言表达的差异，一些古语在一起就形成了一种不利于孩子理解的“隐性障碍”。这时，我们就需要主动为孩子“设计”一下唐诗的“输入程序”，特别是对于低幼儿童来说，拆散复杂的句式，将更有利于孩子感知系统规律识别的诗词（就如“词根”一样）单独拎出来放大，更近距离地展示在孩子面前，帮助他们更聚焦、更清晰地感知到诗词语言中所指向的具体的美。当孩子熟悉了这些“美的词根”后，再将诗词还原本貌，就能达到既感知理解，又熟悉背诵的双重效果。例如，幼儿园阶段的入门国学经典《三字经》，正是因为这种“三字一句”的短句，让孩子们很快就能记住。

开始“拆词游戏”之前，我们需要做如下这些准备。

拆词游戏准备表

准备物品	用途	备注
书籍	《唐诗三百首》《宋词三百首》等纸质书或电子版，作为亲子阅读书单和辞典，日常翻阅的蓝本	不局限于《诗词三百首》，《全唐诗》或《全宋词》也可以
色卡纸、多色笔、手账本	色卡纸用于分类找出五种“美”对应的诗词；多色笔用于在手账本上画出孩子心中理解的美的对象	根据需要准备
电子备忘录	父母帮助孩子建立随身携带可查询的“经典诗词”备忘录	很有必要，电子版更方便随时查阅
其他		可补充或自创玩法

第一，准备一本《唐诗三百首》（蘅塘退士编选）和《宋词三百首》（上疆村民编选）放在家里。若时间充足，父母可以自己或带着孩子先泛读一遍。平时，可将这些书当作诗词辞典翻阅，作为亲子阅读经典来规划。切记尽量不要求孩子从小背诵多少篇，而应通过长期翻阅，以“渗透式”的方法培养孩子的“寻美”习惯。我们的目标是培养孩子的美学感知力，而不是无感知的背诵。

第二，从这些诗词中选出经典名篇，找出描述“美景、美食、美物、美人、美事”的诗词，父母可以和孩子一起用手抄本写下来或制作成个人备忘录。

第三，准备一套彩色空白卡纸和多色笔，将诗词中描述的“美景、美食、美物”等不同的“美”分别用不同的颜色标记到对应颜色的卡纸上，同一种“美”用同一种颜色。

第四，用空白手账本做一个私人诗词“美”学手记。记录下读到和拆出来的与诗词之美相关的词句，充分调动想象力，将这些词句与实际见过的景物或场景相对应，并画出来。同时，标记好这些诗词之美的名称。虽然孩子可能无法画得那么专业和有艺术审美的水平，但鼓励孩子用画画的方式来表达，本身就是在加深他们对诗词之美的感受。

现在，我们可以开始“拆词游戏”啦，让唐诗宋词中的“美”自己跑出来。

我们可以从“美景、美食、美物、美人、美事”这几个“具体美”的维度，来展开寻“美”行动。随机选取一首诗词，拆出对应的字词，用不同颜色标注。以蘅塘退士选入《唐诗三百首》中的第一首唐诗，张九龄的《感遇·其一》为例。

兰叶春葳蕤，桂华秋皎洁。

欣欣此生意，自尔为佳节。

谁知林栖者，闻风坐相悦。

草木有本心，何求美人折？

我们可以拆出如下纷繁的美：

美景：兰叶，春葳蕤；桂华，秋皎洁

美食：—

美物：兰叶，桂华

美人：林栖者，美人

美事：闻风，坐相悦；有本心；美人折

再以《宋词三百首》中苏轼的第一首词《水调歌头·明月几时有》为例。

丙辰中秋，欢饮达旦，大醉，作此篇，兼怀子由。

明月几时有？把酒问青天。不知天上宫阙，今夕是何年？我欲乘风归去，又恐琼楼玉宇，高处不胜寒。起舞弄清影，何似在人间。

转朱阁，低绮户，照无眠。不应有恨，何事长向别时圆？人有悲欢离合，月有阴晴圆缺，此事古难全。但愿人长久，千里共婵娟。

我们可以将这首词拆解如下：

美景：明月，青天，天上宫阙，琼楼玉宇，朱阁，绮户，清影

美食：酒

美物：朱阁，绮户

美人：人长久，我

美事：欢饮达旦，乘风归去，起舞，弄清影，共婵娟

拆完这些“美”的词语，可以请孩子根据自己的喜好为每一种“美”选择一种颜色进行标记。然后，我们可以带着孩子把显示“美景”的色卡上的诗句一个一个读一遍。熟悉后，就把它们摆放到一起，以此类推。

我们把代表各种“美”的色卡全部摆放到一起后会发现，诗词中总有一些不好归类的词句，我们可以将这些“遗落”的词句用同一种颜色标记，然后，请孩子根据记忆“拼图”，拼出一首完整的诗词。

这个游戏过程其实就是借助色卡，在反复接触和拼贴的过程中，一次次加深孩子对“诗词美”的印象。每拿一次卡片，就告诉孩子这是什么，比如绿色色卡上的词句标记的是诗词中的“美景”，我们递给孩子绿色色卡时，就说：“这是‘美景·兰叶，春葳蕤’，这是‘美景·桂华，秋皎洁’”。这个游戏可以隔一天再玩，当孩子想起“我的美景卡片”时，那就再次摆出来，直到引导孩子理解、熟悉了这些对应美的意思，也基本能背诵出这些诗词，我们就可以去玩下一首诗词了。

对于还不识字的幼儿，一般带着他们玩几遍，通过色卡标记的形式，带着孩子拆字、归类和拼图，他们很快就能自然而然地记下来，且能比单纯背诵更清晰地感知诗词中的美好。对于已经识字或会写字的孩子，可以引导他们凭语感找出诗词中对应的“美”，尝试用自己的语言向父母解读诗词中的“美”是怎样的。

戴安娜·阿克曼在《心灵深戏》中谈“创造的心灵”时说：“许多发现都是在快乐游戏时意外出现的。”孩子们在和父母玩拆词游戏时，内心也在发生着一些“心灵深戏”。他们会自动用我们不知道或看不见的内在法则，将这些诗词中滚落出来的“美的代码”内化。在日后的生活中，再用其他形式“转译”迸发出这些美的元素。

“美美与共”：走进诗词的美丽世界，让五觉感官带我们在生活中“玩着学”

唐诗宋词浓缩了唐宋时期最杰出的诗人和词人创作的精华，蕴含了作者们的审美修养和深刻思考。每一位诗人和词人在落笔之前，除了从小海量的阅读和广泛的涉猎，更是带着五觉感官去感知当时当地的美景、美物、美事等美的元素，才能笔下生花，写出流传千古的名句。我常感叹，他们一定拥有超敏锐的视觉、听觉、嗅觉、味觉、触觉和意识，每个人都是“感官大师”，才能在生活的具体境遇中，随时开启感官雷达，随地抓取到各种“美的精髓”。

从这个角度看，我们常说带孩子去游学，但诗词歌赋去哪儿游，如何游？实际上，很大的一个“游学空间”就在我们日常生活中，所见所闻的“一花一草一世界”构成了一个巨大的“感官容器”。带孩子走进诗人们的三餐四季，用我们的眼睛看、鼻子嗅、耳朵听、舌头尝、四肢触，去还原或联结诗词中对应的日常生活和感悟。我们在日常生活中感受到的一切，都是最丰富的“游学素材”。唐宋诗词名家们，实际上大部分都是在日常生活中就地取材，进行提炼和创作。

我们总想去远方，是因为眼前的风景太熟悉了。但是，我们真的熟悉吗？不一定。生活中，我们常常忽略身边的花草树木，直到有一天，邻居提醒我们，楼下的石榴开花了，枇杷结果了，我们才注意到，原来我们身边的环境这么美。如果我们没有真正用心去感受身边事物的时令变化，就如同没有活在当下的时空一样。

蒋勋老师曾说，有一次他在上课时，有学生看着窗外一地的落花走了神，忘了听讲。他也不打断学生，而是放下书本，带学生们走出教室，去草地上欣赏落花。每个人都对落花有一种“不忍”，不忍心踩踏或破坏。这就是他所说的“美，看不见的竞争力”。

“美美与共”，带孩子走进诗词的美丽世界，在生活中“美”游，深入日常生活中，像唐诗

宋词中描绘的那样，切实地感知和发现生活中隐藏的美。与千百年前的诗人们成为跨越时空的知心朋友，共享这份美好的情感。

当拆解了唐诗宋词中的五种美——“美景、美食、美物、美事、美人”，我们会发现每一种现实生活中对应的“美”都会运用到几乎全部的五觉感官：

美景——视觉、听觉、嗅觉、触觉

美食——视觉、嗅觉、味觉

美物——视觉、触觉

美事——视觉、听觉、嗅觉、味觉、触觉

美人——视觉、听觉、触觉、嗅觉

以前面提到的张九龄的《感遇·其一》为例，从五觉感官的角度来看这首诗。

视觉·看见：美景——兰叶春葳蕤，桂华秋皎洁。

听觉·听到：闻风坐相悦。听到风吹动林木花草的声音，感到愉悦。

嗅觉·嗅到：闻风，闻到风中飘来兰花和桂花的香气。

味觉·尝到：联想，兰花和桂花作为一些美食的佐料，味觉上关联。

触觉·触碰：何求美人折？美人闻到花香可能要来摘花了。

所以，让五觉感官引导我们走进日常生活中，拓展五种“诗词美学”的游学维度，让诗词走出书本，变成生活中具体的感官体验，该多有趣！

1. 视——第一视觉看世界的秀场。

2. 听——侧耳倾听万物的律动。

3. 嗅——猎捕空气中浮游的气味百兽。

4. 味——接纳味蕾在舌尖起舞。

5. 触——联结大自然的心跳。

我们可以用设计图的形式，展示五觉感官的灵动之美，或者把这五个感官做成一套明信片式的书签，让每一句诗词对应一个感官，方便记住。

下面，我们从美景、美食、美物三种诗词美的角度，来做“诗词寻美”的游学解读。

第一种：寻找诗词中的美景

当我们身处生活的具体美景之中，关于春夏秋冬四季的唐诗宋词会让我们有太多的“共鸣时刻”。关于春天的诗词尤其丰富，幼童在识字前就会背诵的有：

唐·孟浩然《春晓》：春眠不觉晓，处处闻啼鸟。夜来风雨声，花落知多少。

唐·贺知章《咏柳》：碧玉妆成一树高，万条垂下绿丝绦。不知细叶谁裁出，二月春风似剪刀。

春天出门，花开鸟鸣，大人问孩子："宝贝，你看到春天来了吗？听到树上有谁在唱歌吗？有些美景，我们在书上的唐诗中就看到过，叫《春晓》还是《咏柳》？我突然忘记了，你可以告诉我吗？"孩子可能会兴奋地背诵出一首诗，或者一个单词，或者不完整的两三句，我们都要表现出惊喜和赞赏，然后可以继续话题，就诗词中提到的美景讲的是什么，引发孩子的兴趣。

夏天的户外，池塘里的荷花开了，孩子往往会指给大人看，我们可以趁机询问："小荷才露尖尖角，然后呢？"孩子可能会自信地回答："早有蜻蜓立上头。"即使孩子之前没有学过这首诗，我们也可以趁着此情此景，跟孩子说出一两首关于荷花的诗歌。在具体的场景中帮孩子完成对具体诗词的认知。

南方夏天的晴雨变化很快，如果在户外突然下雨了没带伞，我们可以引导孩子学习苏轼的态度，即使在雨中也能保持开心和娱乐的心态：竹杖芒鞋轻胜马，谁怕？一蓑烟雨任平生。也许在雨后，可以一起看见彩虹呢。

秋天到了，天气转凉，林木萧瑟冷清，大人可以引导孩子感受景物从春夏的暖色调逐渐变成秋天的冷色调，体会大自然中树叶的色彩和花果的形态变化，以及秋风与春风的不同，从而产生内心的感悟，这些景物会让人联想到：

杜牧《山行》：远上寒山石径斜，白云生处有人家。停车坐爱枫林晚，霜叶红于二月花。

王维《山居秋暝》：空山新雨后，天气晚来秋。明月松间照，清泉石上流。竹喧归浣女，莲动下渔舟。随意春芳歇，王孙自可留。

冬天的脚步临近，寒气逼人，当孩子们兴奋地期待着第一场雪时，世界好像要被空气中某种低温开关控制。这时，我们的脑海中浮现出：

柳宗元《江雪》：千山鸟飞绝，万径人踪灭。孤舟蓑笠翁，独钓寒江雪。

记得有一次我和孩子一起阅读唐诗时，五岁的孩子忽然在我没留意的情况下，自己说出了一大段话，向我阐释了他对柳宗元《江雪》的理解，准确地描述出诗的意思和意境。我十分惊讶而赞叹，谁说孩子不能感知诗词中的美呢？

第二种：寻找诗词中的美食

生活中少不了各类美味的调剂。现代人的饮食丰富多样，让人常常来不及感受美食之美。唐诗宋词中对“美食”的简练描写，就把整个视觉、味觉、嗅觉拉满，让人不禁感叹古人仿佛有种

“能在普通生活中挖掘出美感”的超能力。比如，杜甫在《赠卫八处士》中写韭菜：“夜雨剪春韭，新炊间黄粱。”这样的描述让韭菜显得特别新鲜且充满情谊，它被春雨滋润，不仅带着春天泥土的清新，还带着友人热情的待客之道，再搭配着黄粱米饭飘出的浓浓香味，让人食欲满满。

杜甫在《丽人行》中描绘了唐朝一个春暖花开的日子，杨贵妃在侍女们的簇拥下去曲江宴游。其中有两道美食，一道是唐朝贵族珍馐“驼峰肉”，一道是常见的白鳞鱼：“紫驼之峰出翠釜，水精之盘行素鳞。”驼峰肉虽不常见，但白鳞鱼却是饭桌上的常客，在水晶盘中的白鳞鱼显得格外精致和滑嫩。

哪怕吃的是农家菜或家常菜，也有专属的诗句。如孟浩然的《过故人庄》：“故人具鸡黍，邀我至田家。绿树村边合，青山郭外斜。开轩面场圃，把酒话桑麻。待到重阳日，还来就菊花。”鸡黍是农家家常菜，桑麻则指的是农家生活。小时候读到这首诗，觉得孟浩然就像是我的邻居，对他倍感亲切，因为诗中写的场景，就跟儿时在农村田园，父母招待亲友的场景如出一辙。

翻阅唐诗宋词，我们会发现“诗仙”李白、“诗圣”杜甫、“诗魔”白居易、“坡仙”苏轼等都是美食爱好者，他们写下了许多关于美食的诗句。在品味美食的同时，带孩子抱着好奇心去搜索一下唐诗宋词中是否有人就这道菜肴写过诗句。我经常带着孩子这样即兴寻找，时常能收获到惊喜。我们的诗词美食之美，大部分是这样“打捞”进我们的脑海，而不是坐在书桌前背诵而得的。

第三种：寻找诗词中的美物

阅读古诗词时，我们常常能感受到古人对日常器物的尊重和爱惜，不知是那器物本身有气韵，还是因诗人的审美情感为之增添了风雅之情。在他们眼中，这些美物似乎能为各种心境做无声诠释。如今物质生活高度丰富，我们似乎因匆忙的生活节奏，而少了一些对美物的停留和欣赏。

其实，古有古美，今有今美。父母带孩子走进日常生活的游学空间时，一样可以全方位打开视觉和触觉，来发现和感受美物之美。比如，现在熏香很普遍，各类功效的熏香不计其数，居家生活中都可能用到。

“婉约派”女词人李清照在其作品《醉花阴》中提到熏香：“薄雾浓云愁永昼，瑞脑消金兽。佳节又重阳，玉枕纱厨，半夜凉初透。东篱把酒黄昏后，有暗香盈袖。”这里的“瑞脑”是一种珍贵的熏香，“金兽”是一种兽形的铜香炉，熏香在铜香炉中渐渐燃尽，最后“暗香盈袖”，暗香飘满宽大的衣袖。词人李清照通过细腻的感官体验创造出浪漫的意境，这正来自她对日常美物的细致观察和感受。“玉枕纱厨”，纱厨就是防蚊帐，让我联想到小时候的夏夜，在乡村的瓦房，防蚊帐和冰凉如玉的竹床。这些器物都是见过、用过的，在五觉感官上感知美物，我们仿佛因此和古人产生了某种跨越

时空的联结。从这个角度看，唐诗宋词其实离我们的日常生活并不遥远。

对于日常生活空间中的诗词游学，最有趣的地方在于我们是先在生活中遇见“这边风景独好”，品尝到五味佳肴，触摸到精致好物，然后带着兴趣去探寻，古代诗词中有哪位文人也曾像我们这样，全方位地打开生命的感官和好奇心，写下类似的生命感受和风物故事。一旦找到对应的诗词，我们会觉得自己和那些诗人词人有了某种关联，仿佛真的与他们跨越时空，“美美与共”了。更重要的是，这种从现实生活出发探索诗词的方式，会让我们和孩子之间形成一种默契，帮孩子获得极大的成就感和自信心，同时，也因为没有背诵的任务而让孩子感到更轻松。说到底，唐诗宋词只是一种增强感受力的途径，而不是最终目的。

打卡唐诗宋词之“美”：溯源那些一眼万年的诗词

每个人都有属于自己的“一眼万年”的诗句，随时可能脱口而出。

请闭上眼睛，在脑海中搜索“古诗词”，看看哪些诗词会迅速浮现呢？你可以尝试将它们大声背诵出来。然后，试着想一想，这些诗句是在什么时间、什么背景下创作的？讲的是哪个地方的故事？有时候，我们可能会一下子想不起来，要查证才能知晓答案。要探知那些绚烂古诗词中一些“美”的具体所指，不如顺着它们的方向去溯源。

这一节为大家介绍的就是“打卡诗词美学”的游学方式，探访唐诗宋词中关于美的源头。具体方法如下。

按照自己的兴趣读一遍唐诗宋词（可以不局限于三百首），找出那些高频出现的描述“美景、美食、美物、美事、美人”的经典词句，选出你喜欢的城市和景点，做好出行计划（可参考第二章第二节）。

这里列出我个人推荐的一些与城市美景相关、值得溯源的诗词。

美景（推荐诗词）：建议父母和孩子一起，从四季和昼夜的时间维度，或从城市和名胜景点的维度，分别探寻，找出最常在诗词中出现的美景。

以下为与城市美景相关的打卡诗句。

武汉·黄鹤楼：

唐·崔颢《黄鹤楼》：“昔人已乘黄鹤去，此地空余黄鹤楼。黄鹤一去不复返，白云千载空悠悠。晴川历历汉阳树，芳草萋萋鹦鹉洲。日暮乡关何处是？烟波江上使人愁。”

唐·李白《黄鹤楼送孟浩然之广陵》：“故人西辞黄鹤楼，烟花三月下扬州。孤帆远影碧空尽，唯见长江天际流。”

杭州·西湖：

宋·苏轼《饮湖上初晴后雨二首·其二》：“水光潋滟晴方好，山色空蒙雨亦奇。欲把西湖比西子，淡妆浓抹总相宜。”

唐·白居易《钱塘湖春行》：“最爱湖东行不足，绿杨阴里白沙堤。”

西安·城区：

唐·孟郊《登科后》：“春风得意马蹄疾，一日看尽长安花。”

泰安·泰山：

唐·杜甫《望岳》：“岱宗夫如何？齐鲁青未了。造化钟神秀，阴阳割昏晓。荡胸生层云，决眦入归鸟。会当凌绝顶，一览众山小。”

重庆·白帝城：

唐·李白《早发白帝城》：“朝辞白帝彩云间，千里江陵一日还。两岸猿声啼不住，轻舟已过万重山。”

南京·乌衣巷：

唐·刘禹锡《乌衣巷》：“朱雀桥边野草花，乌衣巷口夕阳斜。”

苏州·枫桥（阊门外）

唐·张继《枫桥夜泊》："月落乌啼霜满天，江枫渔火对愁眠。姑苏城外寒山寺，夜半钟声到客船。"

美食（推荐诗词）：选择熟悉的诗词，找出与美食相关的诗句，这道美食出自哪位诗人？背后有一段怎样的故事？一般在对应的城市，有人会以这背后的历史故事为由头开一家餐厅，可以前往对应的城市品尝这些美食，或在日常用餐时，父母可以和孩子玩"诗词美食"或"诗词美食菜单"游戏。

以下为与美食相关的打卡诗句。

鱼蟹肉类：

宋·苏轼《二月十九日携白酒鲈鱼过詹使君食槐叶冷淘》："枇杷已熟粲金珠，桑落初尝滟玉蛆。暂借垂莲十分盏，一浇空腹五车书。青浮卵碗槐芽饼，红点冰盘藿叶鱼。醉饱高眠真事业，此生有味在三余。"

唐·杜甫《陪郑广文游何将军山林·其二》："鲜鲫银丝脍，香芹碧涧羹。"

宋·汪元量《鹧鸪天·潋滟湖光绿正肥》："水边莫话长安事，且请卿卿吃蛤蜊。"

宋·陆游《冬日》："山暖已无梅可折，江清犹有蟹堪持。"

宋·陆游《蔬食戏书》："东门彘肉更奇绝，肥美不减胡羊酥。"

宋·黄庭坚《戏咏江南土风》："饭香猎户分熊白，酒熟渔家擘蟹黄。"

宋·卫宗武《约友秋赏》："鲈肥蟹可持，枣剥稻且获。"

宋·陆游《初冬绝句》："鲈肥菰脆调羹美，荞熟油新作饼香。"

面食类：

宋·苏轼《戏咏馓子赠邻妪》："织手搓来玉色匀，碧油煎出嫩黄深。"

宋·舒岳祥《夏日山居好十首·其一》："夏日山居好，茅檐水饼香。"

宋·黄庭坚《次韵子瞻与舒尧文祷雪雾猪泉唱和》："使君闵雪无肉味，煮饼青蒿下盐菽。"

宋·陆游《对食戏作》："蒸饼犹能十字裂，馄饨那得五般来。"

宋·杨万里《横山江岸》："层石层砂层腻土，僧厨蒸出栗黄糕。"

唐·白居易《寄胡饼与杨万州》："胡麻饼样学京都，面脆油香新出炉。"

粥米类：

宋·杨万里《拾柏子》："皱壳倾来紫麦新，中藏琼未不胜珍。"

宋·范成大《再到虎丘》："觉来饱吃红莲饭，正是塘东稻熟天。"

宋·陆游《食粥》："我得宛丘平易法，只将食粥致神仙。"

蔬果类：

唐·唐彦谦《葡萄》："金谷风露凉，绿珠醉初醒。珠帐夜不收，月明堕清影。"

唐·张祜《樱桃》："石榴未折梅犹小，爱此山花四五株。斜日庭前风袅袅，碧油千片漏红珠。"

唐·杜甫《百忧集行》："庭前八月梨枣熟，一日上树能千回。"

唐·李商隐《石榴》："榴枝婀娜榴实繁，榴膜轻明榴子鲜。可羡瑶池碧桃树，碧桃红颊一千年。"

宋·苏轼《惠州一绝》："罗浮山下四时春，卢橘杨梅次第新。

日啖荔枝三百颗，不辞长作岭南人。”

美物（推荐诗词）：古代诗人擅长通过“借物咏怀”的手法，借助对“物品之美”的描写，来抒发内心的情感和志向。生活中所见到的有生命的和无生命的万物，都蕴含着可以欣赏的美，可以带孩子从古诗词的物品美学中，学会探寻现代物品美学中“一脉相承”的意趣。

以下为与美物相关的打卡诗句。

唐·王维《相思》：“红豆生南国，春来发几枝。愿君多采撷，此物最相思。”（红豆）

宋·王安石《梅花》：“墙角数枝梅，凌寒独自开。遥知不是雪，为有暗香来。”（梅花）

唐·白居易《赋得古原草送别》：“离离原上草，一岁一枯荣。野火烧不尽，春风吹又生。”（草）

唐·骆宾王《咏鹅》：“鹅，鹅，鹅，曲项向天歌。白毛浮绿水，红掌拨清波。”（鹅）

唐·骆宾王《咏蝉》：“西陆蝉声唱，南冠客思深。不堪玄鬓影，来对白头吟。”（蝉）

唐·卢纶《和张仆射塞下曲·其二》：“林暗草惊风，将军夜

引弓。平明寻白羽，没在石棱中。”（弓）

唐·刘长卿《听弹琴》：“泠泠七弦上，静听松风寒。古调虽自爱，今人多不弹。”（七弦琴）

宋·辛弃疾《贺新郎·赋琵琶》：“凤尾龙香拨，自开元、霓裳曲罢，几番风月。”（龙香拨：名贵琵琶）

宋·蒋捷《瑞鹤仙·乡城见月》：“风檠背寒壁，放冰蟾，飞到蛛丝帘隙。琼瑰暗泣，念乡关，霜华似织。”（檠：灯；冰蟾：月亮；琼瑰：美玉，比喻晶莹的泪滴）

美事（推荐诗词）：

唐·李颀《琴歌》：“月照城头乌半飞，霜凄万木风入衣。铜炉华烛烛增辉，初弹渌水后楚妃。”

唐·元结《石鱼湖上醉歌·并序》：“石渔湖，似洞庭，夏水欲满君山青。山为樽，水为沼，酒徒历历坐洲岛。长风连日作大浪，不能废人运酒舫。我持长瓢坐巴丘，酌饮四坐以散愁。”

唐·李商隐《无题·其一》：“凤尾香罗薄几重，碧文圆顶夜深缝。扇裁月魄羞难掩，车走雷声语未通。曾是寂寥金烬暗，断无消息石榴红。斑骓只系垂杨岸，何处西南任好风。”

唐·李端《听筝》：“鸣筝金粟柱，素手玉房前。欲得周郎顾，时时误拂弦。”

美人（推荐诗词）：

唐·王维《西施咏》：“艳色天下重，西施宁久微？朝为越溪女，暮作吴宫妃。”

唐·杜甫《佳人》：“绝代有佳人，幽居在空谷。”

唐·温庭筠《菩萨蛮·小山重叠金明灭》：“照花前后镜，花面交相映。”

唐·杜牧《赠别》：“娉娉袅袅十三余，豆蔻梢头二月初。”

宋·苏轼《蝶恋花·春景》：“天涯何处无芳草，墙里秋千墙外道，墙外行人，墙里佳人笑。”

唐·李白《清平调·其一》：“云想衣裳花想容，春风拂槛露华浓。若非群玉山头见，会向瑶台月下逢。”

唐·李白《清平调·其二》：“借问汉宫谁得似？可怜飞燕倚新妆。”

唐·李白《清平调·其三》：“名花倾国两相欢，长得君王带笑看。解释春风无限恨，沉香亭北倚阑干。”

宋·辛弃疾《汉宫春·立春日》：“春已归来，看美人头上，袅袅春幡。”

唐诗宋词是中国古代文学的瑰宝，如果我们想要深入了解这些诗词，可以将其中的诗词名句与本章节其他主题游学内容相互结合，如“穿越在历史名城，与诗人对话”这一节，非常适合综合性游学。按照五种诗词之美，分别对应相关创作背景下的历史名城，让旅行和学习在深度叠加和随性组合中，充满无限可能性和趣味性。

我们为什么要读唐诗宋词，又为何要用游学的方式来深入感受这种美呢？这是因为这些文学作品不仅承载着中华民族深厚的文化底蕴，也反映了诗人或词人在不同历史时期的命运变迁。诗人虽身处不自由的时代，但诗词给了他们最珍贵的内在自由。自从人类可以用诗词这种方式表达内心的情感和理想抱负，人类就获得了一种美学上的心灵自由。唐诗宋词中那些广为传诵的诗词名句，历经千年依旧能在我们内心产生强烈的愉悦与共鸣。这些作品不仅仅是文学作品，更是美学的典范，后人读到这些诗句，不仅能感受到古人在面对相似挑战时的情感，还能找到一种跨越时空的慰藉和鼓舞。那些能名留青史的诗人与词人，也一定都是从小熟读前人诗书，从而找到了那种语言的自由表达能力。

我有时想，现在的孩子是多么幸运，他们一出生就有机会接触全部的诗词歌赋。在纯洁无瑕、天真烂漫的幼小心灵中，最初滋养他们的就是那最优美的诗词美学之泉。这份美好的感受，时间是带不走的，将伴随他们一生。

第　三　节

追寻历史上“游学达人”去过的地方

孔子 / 李白 / 苏轼 / 徐霞客

溯源中国“游学”史，我们会发现“游学”一词古已有之。近代著名学者、书法家商衍鎏曾说：“游学之事甚古，春秋之时已盛，及至战国，诸侯并争，厚招游学，如苏秦、张仪之徒，见于史传者难于详数。”

中国近代国学大师、著名历史学家吕思勉曾考证秦汉时期的游学，于《史记·春申君列传》中读到“游学博闻”，意为“周游求学，见闻广博”，“盖谓其因游学所以能博闻也”。司马迁用这句话阐释和记录了战国时期著名军事家、战国四公子之一的春申君一生博闻善辩的原因是“因游学”。

在先秦时代，诸侯争霸，《管子·霸言》有云：“夫争天下者，必先争人。”士大夫们心怀抱负，四处游历，求知问政，“游学”之风盛行。其中，最有代表性的“游学达人”便是孔子，他携弟子三千，周游列国，讲学论政，开创了中国游学的先风。

翻开中国历史名人这幅宏伟灿烂的画卷，你会看到：春秋时期杰出的思想家、教育家、礼乐君子、一代圣哲孔子，唐代伟大的浪漫主义文学开创者、仗剑天涯的“诗仙”李白，北宋文坛泰斗、豪放派担当、诗词书画全能艺术家、美食家苏轼，明代旅行家、游记作家、户外冒险家徐霞客。这些全都是中国游学历史中最杰出的“游学达人”。

选出孔子、李白、苏轼和徐霞客这四位历史名人作为现代亲子游学的典范，是因为他们分别代表了不同的历史时期——从春秋末期到盛唐，再到北宋，最后到明代，且各自都有鲜明的个性特点和所在领域的重大贡献。他们几乎串起了一部“中国游学达人简史”。

通过追寻这些圣贤先辈们的足迹并进行游历，比漫无目的地旅行更有深度和广度，会拓宽我们的历史视野，了解这些名人们的生平故事，了解他们为何出发，又留下了哪些令后世景仰追慕的逸闻佳作。我们不禁会感叹，在浩瀚的历史长河中，那些杰出的人物同样经历了命运的起伏与抗争，展现了努力与不放弃。这样的游学方式不仅为我们提供了宝贵的人生借鉴和激励，还让我们通过这些先辈们不朽的才华、非凡的人格魅力和坚定的品格志向，不断重塑我们对历史、生活和价值的认识。让我们在未来的人生旅程中，既有果敢的勇气应对困境，也有不竭的激情向梦想出发。

同时，通过“游学”这种走出去、目的明确的玩和学相结合的重要文化活动形式，我们不仅能够更深入地追忆历史，还能以更有趣的方式“触达”历史知识和其背后的人文故事。在这一过程中，潜移默化地提升孩子的“大语文”美育。

行前准备：在历史传记中解锁“游学达人画像”

要说追寻四位名人去游学，我们大脑中首先会浮现出一个问题：孔子、李白、苏轼、徐霞客这些名字似乎只存在于课本中，我们熟悉他们的诗词和著作，但对于他们生活的时代、是怎样的人以及他们去过哪些地方了解甚少。我在开始游学之前也是这样，所以，我带着这些疑问开始了“游学”之旅。出发前做好以下这三件事，我们就可以满怀自信和期待地出发了。

第一，带着问题读名人传记，通过图表解锁隐藏在历史中那些熟悉的“游学达人”画像；

第二，根据这些“游学达人”画像，列出一份“追寻游学达人”的行动清单；

第三，绘制出“游学达人”的“游学地图”，以及我们自己游历过的“游学地图”。

现在，我们先做第一个准备，解锁四位游学达人画像。

文艺复兴时期，英国著名哲学家弗朗西斯·培根在《论读书》中说道：“读史使人明智，读诗使人聪慧。”在带孩子寻访“游学达人”路线之前，我发现了解他们最快的方法就是阅读他们的传记，因此，我为孩子准备了一系列书籍，包括《跟着孔子游列国》

《李白（名人传记丛书）》《苏东坡传》《徐霞客游记》等。这样，不仅能帮助孩子养成阅读的习惯，同时，也能帮助他们掌握有效的阅读方法。

接下来，让我们用“5W 提问法”来准备，带着问题找答案，这个过程会更清晰和有趣。

你一定会好奇：

1.When：他们分别生于哪个朝代？

2.Who：他们是怎样的人？

3.Where：他们曾游历过哪些地方？

4.What：他们创作了哪些流传至今的作品？

5.Why：他们为什么要去游学？

让我们带着这 5 个问题开始吧。实际上，这预示着真正的“游学”活动已经开始了，因为思想在动，认知和行为也会跟着动。

一旦开始准备了，就会发现自己很难停下来。研究名人的过程，就如同走近他们、认识他们、和他们交朋友的过程。找到“5W”问题对应的答案后，四位游学达人的基础画像也就跃于眼前了。我们可以用表格的形式列出对应的信息（如下页表格）。

游学达人的基础画像

游学达人	主要兴趣爱好	主要游历地	主题	推荐代表作
孔子 （前551年－前479年） 春秋	讲学 “六艺” 读书	出生地：曲阜 按古代路线：卫、曹、宋、郑、陈、蔡、楚七国 按今时路线：山东、河南界内 主要城市：曲阜、菏泽、长垣、商丘、夏邑、淮阳、周口	思想 · 谦谦君子爱礼乐	《礼记》 《论语》 （弟子整理的孔子语录及其思想笔记）
李白 （701年－762年） 唐朝	诗酒会友，畅游	出生地：一说西域碎叶城，一说蜀中 按主线和地域圈： 两条主线——长江流域和黄河流域 按三条游学圈： 巴蜀游学圈，越中游学圈，皖南游学圈 按现今地域划分：新疆、甘肃、四川、湖北、湖南、江西、安徽、江苏、浙江、河南、山东、河北、山西、陕西、贵州、重庆等地，总共到过206个州县，登过80多座山，游览过60多条江河川溪和20多个湖潭 主要到达的城市：成都、武汉、商州、西安（古长安）、洛阳、当涂（生命终点）	气质 · 出走半生，归来仍是少年	《将进酒》

续表

游学达人	主要兴趣爱好	主要游历地	主题	推荐代表作
苏轼（1037年-1101年）北宋	书画 美食， 诗词	出生地：眉州 主要城市：开封、杭州、湖州、黄州（赤壁）、惠州、儋州、其他（密州、定州、徐州等）	格局 · 松弛感 生活家	《定风波·莫听穿林打叶声》
徐霞客（1587年-1641年）明朝	旅行， 游记， 研究	出生地：江阴 路线：江苏、河南、安徽、河北、广西、贵州、云南、江西、福建、广东、山东、山西、陕西以及湖南、湖北、浙江、北京、天津、上海等地，多以名山大川地理路线为主	治学 · 自然 户外 探索家	《徐霞客游记》
四人均游学过的地方		河南		

备注：以上是我阅读完四位游学达人传记后做的基本画像整理，大家也可以根据自己的阅读来丰富和完善。记住，这是游学的重要部分。具体路线可以通过画地图的形式来描绘。

然后，根据人物传记勾勒出你心中的游学达人画像。父母可以和孩子一起，根据传记描述，画出心中的游学达人：孔子名丘，据说他出生时因头部有一个凸起，像小山丘，故取名“丘”。据《史记》记载，孔子身长九尺六寸，即身高最少 1 米 9 以上，特别高大而引人注目；李白身长八尺，高大英俊，气宇轩昂；苏轼，“华严长者貌古奇，紫瞳奕奕双眉垂”，在逆境中能“苦中作乐”，是真正的乐天派；徐霞客，人称“博雅君子”，具有学者风范。

描绘的过程，我们无须给孩子的“画像”作品以任何评判性的评价，因为那是他心目中古代游学达人的样子，每个人都有自己独到的想象和理解。重要的是，这种跨越时空的联结，会让我们和孩子获得成就感的同时，也仿佛融入了一段历史，进而“润物细无声”地提升孩子的文学修养。

现在，我们已经非常清晰游学达人画像，做好了主题脉络的准备后，就可以列出具体的行动计划了。所以，接下来，开始第二个准备，列出“行动清单”。

行动清单

出行清单	行动内容	备注
游学主题	孔子 - 思想；李白 - 气质；苏轼 - 格局； 徐霞客 - 治学	
时间计划	推荐：首选寒假或暑假，其次法定小长假，单次出行周期为 1 周或自定义 注意：在不影响家长工作和孩子课业的前提下，尽量考虑亲子重叠的假期，或灵活安排	
行程规划	“沉浸式”路线：按照兴趣一次只追寻一位游学达人路径，按照对应主题规划 “丰富式”混搭：选择两位及以上游学达人路径来规划； 先确认一次要追寻几位游学达人，再根据画像来选择感兴趣的目的地，按照交通便利、路线流畅、时间可控这三个原则来规划 推荐与四位达人相关的打卡点： 孔子：打卡“孔子故里”、千年古城曲阜，以及孔庙、孔府、孔林、孔子六艺城、尼山圣境、孔子博物馆等 李白：打卡四川江油“李白纪念馆”，江南第一历史名楼武汉“黄鹤楼”，第二故乡安陆“白兆山”等 苏轼：打卡苏家故居眉州“三苏祠”，杭州西湖“苏堤”，黄州“赤壁”，惠州“白鹤峰”等 徐霞客：打卡天台山、黄山、华山、庐山、武夷山、太湖、龙门石窟等	

续表

出行清单	行动内容	备注
物品清单	游学物品清单：四位游学达人游历路线地图（可自行手绘制作或查阅电子版）+四位游学达人的传记书本+多色圆珠笔和空白笔记本、手账本+其他补充物品 出行物品清单：身份证+轻便背包装旅途日常用品（干湿纸巾、汗巾、口罩、水等）+行李箱（雨伞、衣物、充电设备）+其他补充物品	
预订事项	门票：有的参观地需要门票，有的免费开放，事先在对应目的地官网查询好相应信息 住宿及交通：根据距离选择合适的交通方式和住宿安排，高铁、飞机、大巴、自驾等均需至少提前1周做好票务预订及路线起始点的研究，越早预订票价越便宜；住宿可根据预算情况，选择与参访点距离合适、价格在可接受范围内的民宿、亲子主题酒店等，也是越早预订越划算 用餐：出发前最好规划好餐厅，可选当地比较有代表性的在地美食（注意结合当地文化美食、健康卫生两个维度做选择），临近用餐前一天或提前半天电话确认预订，以防临时用餐耽误时间或扑空，或高峰期没有用餐位置需要等候	

续表

出行清单	行动内容	备注
注意事项	天气：提前做好天气查询（根据天气准备出行物品，雨伞、雨衣、雨靴等） 安全：安全第一，各参访地均有各种提示注意事项，不要出于好奇攀爬楼梯、有潜在危险的地方和区域，看护好孩子，尤其在陌生地点要保证孩子不要离开父母的视线范围 形象管理：不要在公共场合大声喧哗嬉闹；不穿拖鞋或暴露的衣服，加强自我素养管理，不仅要管理好个人外在形象，也要管理好个人素养形象 异动情况：行程中随时关照孩子的身体和情绪状态，给予及时的照护；若因天气或不可控因素不能按计划出行，可提前查询是否可以退改门票及交通行程，妥善安排	
小贴士	1. 准备过程中，建议父母带着孩子以“环保出行”的原则进行，优先使用环保物品 2. 同时也请父母鼓励孩子按照项目来试着自己思考和动手准备，父母只需要帮助补充完整，而不是包办，并适当给孩子分配力所能及的任务，一起结伴“友谊出行” 3. 出现任何计划以外的情况，都请第一时间保持“情绪稳定”，父母不要焦虑，有变化就积极应变，带着“随时准备好接受各种美好情况发生”的心态来应对，就会真的收获美好的游学旅程	

现在，请记得做好第三个准备，即将出发之前，为了更方便体验行程，我们可以把游学达人去过的地方以游学地图形式画出来。父母可以鼓励孩子一起动手绘制，哪怕画得不够完整也没关系，自己动手会更有参与感。怎么绘制地图呢？可以采用简笔画，也可以用“树和树干”的形式，或运用思维导图法。带着孩子一起随心所欲地发挥创意，用手绘的方式来创作，只要将名人游历地点标记清晰即可，这也是启发孩子充分信任自己、提升创造性思维的过程。

跟着孔子、李白、苏轼、徐霞客去游学

好了，终于要出发了！在旅程中，我们不禁展开遐想：游学过程中，四位历史名人究竟收获了什么？我们该以怎样的“主线主题”来追寻他们的脚步？

由于四位“游学达人”一生游历广泛、著作颇丰，他们都是历史上赫赫有名的大人物，要想追寻他们去过的每一个地方并不现实，因此，我们不如跳出局限，给每一位“游学达人”设定一个游学主题关键词：

孔子——思想：谦谦君子，“三人行，必有我师”。

李白——气质：归来少年，“天生我材必有用”。

苏轼——格局：松弛生活家，“此心安处是吾乡”。

徐霞客——治学：地理探索家，“达人之所未达，探人之所未知”。

孔子生于“礼崩乐坏”的春秋末期，他一生秉持谦谦君子之风，致力于恢复周礼、推广“仁义礼智信”思想。他周游列国，问政讲学十四年，在历经挫折后，他发现自己更适合从事教育工作，并意外吸引了三千弟子追随。他的弟子及再传弟子陆续记录下他的哲学思考、教育原则及处世之道，编成语录文集《论语》，流传至今。孔子因此成为思想上的一代圣哲，被联合国教科文组织评为“世界十大文化名人”之首。他所开创的儒家思想，其魅力穿越了两千多年的历史长河，至今仍影响着我们的主流价值观。

李白自幼生长于西域（据传记描述，李白出生地颇有争议，一说西域，一说四川），他的父亲是一位文化商人，母亲是一位聪慧的胡人。两种血统的结合，加之优越的家境，让他获得了良好的教育，并被预言将拥有不凡的一生。回到中原后，为实现他的政治理想，李白一次次仗剑天涯，遍游大半个中国，寻访名师，诗酒会友，希望能走一条不通过传统的科举考试，而是通过才华获得赏识的新路径。最终，他成为现代人念念不忘的浪漫主义“诗仙”。据说唐玄宗初次见他，就被他气宇轩昂、出尘脱俗的气质震慑住了，甚至忘了皇帝的尊贵身份而亲自迎接他。李白一生保持着纯真和理想，真正做到了“出走半生，归来仍是少年”。

苏轼仕途坎坷，他的一生几乎都在被贬谪的路上，路途危险又阻碍重重，但他拥有旷达的胸怀，生生将仕途的无常变成了一次又一次的游学之旅。因“乌台诗案”被贬至黄州，吃着野菜，他举着筷子自我排解：“人间有味是清欢。”淋着雨，他泰然自若：“莫听穿林打叶声，何妨吟啸且徐行。竹杖芒鞋轻胜马，谁怕？一蓑烟雨任平生。”游赤壁，他想的是：“大江东去，浪淘尽，千古风流人物。”五十九岁被贬至惠州，他尝到荔枝，“日啖荔枝三百颗，不辞长作岭南人”。就算被贬到蛮荒之地海南儋州，面临可能在此终老的结局，他依然保持着乐观的心态。苏轼的一生，把“松弛感”诠释得淋漓尽致，无论身处何地，他都能发现所到之处的“学问”与在地的“有趣”，他教会我们在面对人生种种不可控的逆境时，如何有格局地自洽、乐观、自渡，而非怨天尤人。

徐霞客自幼就对功名不感兴趣，他立志“大丈夫当朝碧海而暮苍梧”，致力于探索地理、人文、自然、植物等奥秘，希望能写出一部关于地理人文的纪传体著作。他对地理地貌的治学精神，化作脚下实实在在的丈量。最终，他找到长江的源头是金沙江，写出著名的《徐霞客游记》。值得一提的是，因该书开篇之日是5月19日，这一天还被定为中国旅游日。

我们可以在追寻历史游学达人的过程中，向孔子学习君子思想的深邃，向李白学习少年气质的鲜活与震慑力，向苏轼学习人生格局的豪迈，向徐霞客学习探索与治学的精神。这四种价值，也正是四位名人游学过程中最大的收获之一，如今，它们将成为我们学习和传承的典范。

这四个关键词听起来很深奥，但我们可以通过具体化的方式来理解它们。人类天生是感官体验的族群，为了避免这四种主线关键词的抽象性，我们可以带着孩子这样玩着学。

孔子——思想主题

玩着学：观赏孔子礼乐

从五觉感官中视觉和听觉的维度，带孩子观赏“仁义礼乐”的相关仪式、表演，以及行走在古建筑空间里，聆听和阅览孔子的成长故事，深入了解儒家思想的内涵。

在孔子的故乡山东曲阜的孔庙，每天早上 8 点会举行庄严的“晨钟开城仪式”，每年 9 月 28 日会举办盛大的“祭孔大典”。家长可以带孩子亲临现场，见证被高度还原的历史，在宏大的仪式中更深刻地感受礼乐之美。在孔子六艺城，设有礼厅、乐厅、射厅、御厅、书厅、数厅六座艺厅，可以根据不同的主题带孩子参与互动，沉浸式体验古典“六艺”的文化魅力。在尼山圣境，可以瞻仰“万世师表”孔子像，观看《金声玉振》礼乐文化演出，了解“孔子的世界，世界的孔子”，并体验亲子“六艺”、孔府菜及明礼生活方式。

注意在观看过程中，尽量不要给孩子做过多先入为主的解释，以免打断孩子的独立思考和体验。观看结束后，可以让孩子分享他们的观后感和收获，思考或描述孔子思想形成的过程，并适当引导他们在日常生活中的行为礼仪。

推荐地点：山东曲阜孔庙、尼山圣境、孔子六艺城。

李白——气质主题

玩着学：角色扮演诗仙

尝试以古装角色扮演李白，带孩子来一场穿越时空的“行为艺术”之旅，培养他们“出尘脱俗”的轩昂之气。

提前挑选一套喜欢的亲子唐装及发饰，选择几首李白的著名诗作，在李白曾经游历过的相关名胜古迹中扮演一次李白。吟诗作对，品茗会友，重现诗仙的社交场景，以此锻炼孩子的气质、胆量和社交能力，还能提升他们对诗词的审美鉴赏能力等。

推荐相关景点：黄鹤楼、李白纪念馆。

苏轼——格局主题

玩着学：探店东坡美食

苏轼，一位著名的美食爱好者，走到哪儿都能挖掘到当地的美食，并自创了许多以他名字命名的美食，如东坡肉、东坡豆腐、东坡鱼、东坡肘子、东坡凉粉等。别人看到的是他仕途的失意，他看到的是人间生活中的美味。正由于他有一颗自信与自洽的强大内核，才能走出乐天松弛的步伐。

当孩子被暂时的生活或学业挫折影响时，心情不佳，仿佛人生陷入低谷，带他们去苏轼曾经游历过的地方，品尝一顿有苏东坡背书的美食，向他们讲述苏东坡的故事。人生格局思路一打开，他们可能会心胸豁然开朗，明白明天又是新的开始。

推荐相关景点：黄州苏轼纪念馆、眉州三苏祠。

徐霞客——治学主题

玩着学：复刻“侠”客（霞客）行

徐霞客出发的目的非常纯粹，我们可以直接“复刻”他的旅行方式，即徒步山水之间。为孩子提前准备一本手账笔记本，用于记录徒步及自然探索的旅程。他们可以记录自己的感悟，绘制山水地貌及图志，拿出地理学家的严谨和治学态度，如实写出属于自己的游记。可在自媒体上发布，或在同学、朋友中传阅，体验“行万里路”之后的成就感与分享的喜悦，提升孩子自主学习和探索实践出真知的能力。

推荐相关景点：参考《徐霞客游记》中提到的名山大川。

四位“游学达人”在他们的人生中，成功化解了个人志向与历史时代的“冲突”，找到了理想与现实之间的最佳平衡点，并因此收获了各自壮丽的一生，被后世传唱。

追寻历史名人的足迹后，我们更深刻地体会到：从小带着孩子以游学的方式长大，以游学式养育这种高性价比的家庭教育方式，在相同的时间单位，能够滋养出更多的可能性。尤其是跟着历史名人的游学足迹，孩子不仅可以体验游学的乐趣，收获丰富、自信的心灵，还能探索天赋、精进特长，找到内心真正喜欢的事，描绘未来的人生蓝图。这样的经历能帮助他们在历史名人的足迹中看见最棒的自己。

第三章

『自然生态』篇

第　一　节

二十四节气日，我与动植物的“约会”

中国的“二十四节气”是我们的祖先对宇宙、自然现象中的时令、气候、物候进行长期观察、实践和总结而形成的一套知识体系和历法智慧。它被誉为“中国的第五大发明”，也早已被联合国教科文组织列入人类非物质文化遗产代表作名录。

在西汉年间，淮南王刘安组织了一批文人墨客编成了《淮南子》一书。在这本书中，第一次记载了与现代使用的二十四节气名称完全一致的内容：

春：立春、雨水、惊蛰、春分、清明、谷雨（春雨惊春清谷天）

夏：立夏、小满、芒种、夏至、小暑、大暑（夏满芒夏暑相连）

秋：立秋、处暑、白露、秋分、寒露、霜降（秋处露秋寒霜降）

冬：立冬、小雪、大雪、冬至、小寒、大寒（冬雪雪冬小大寒）

在这深厚的文化底蕴和规律运转的大自然生态中，我们有机会顺着二十四节气日所透露出的万物生长规律，带孩子融入自然的怀抱，与大自然交朋友，找到他们喜欢的植物朋友和昆虫伙伴，与二十四节气中那些有明显生长变化规律的植物和昆虫来一场“节气约会”。这将是一次非常有意义且趣味无穷的“仪式感活动”。

当孩子置身于自然植物与昆虫们所构筑的生机勃勃的环境中时，不仅对孩子的身心健康发展大有裨益，还能陶冶他们自然活泼的性灵，这也是一场充满奇妙和趣味的自然博物之旅。

老子在《道德经》第二十五章中写道：“人法地，地法天，天法道，道法自然。”这句话揭示了天地万物的规律，即顺应自然之道。

在大自然中漫步，我们可以细嗅空气中植物和泥土的芬芳，偶遇一只黑身带橙色波点的小昆虫，看水中敏捷摆尾的鱼群……

人类天生亲近自然，在大自然的怀抱中，我们能自然地与天地万物联结，感觉“回归真实的自我”，能很快放松身心、敞开心扉，不自觉地接纳一切美的元素。

在大自然的四季更替变幻中，在每个月两次的“节气”日，我们可以去探寻那些与节气日前后相应的植物和昆虫，了解它们的名称、特性和喜好，观察这些大自然中的“朋友们”是如何随气象和物候变化而产生细微的阶段性变化。以一颗童真的心与大自然当季的生命姿态自然地连接。

探寻对应节气的植物和昆虫，最便捷的方式是对照二十四节气日的“七十二候”。从“七十二候”中，我们可以知道每个节气之间相隔十五天，每个节气分三候，每候为五天，所以有“一候，二候，三候”的变化之说。比如，夏至日的三候分别是：一候鹿角解，二候蝉始鸣，三候半夏生。蝉很常见，可以作为我们全国范围内夏至日的观察对象；半夏是一种中草药，喜阴潮湿，主要生长在亚热带和热带地区；虽然鹿不常见，但我们知道夏至日的节气三候期间，梅花鹿的鹿角开始脱落，这是因为夏至日后阴气增强，而鹿角属阳性。古人总结出来的节气万物生长节奏，既准确又富有画面感，让我们能在“七十二候”中轻松找到每一候提及的具体植物、动物和昆虫。可以提前设定它们为我们的“约会伙伴”，去探寻它们的生长变化节奏。

现在，让我们和孩子一起翻开日历表，标记出二十四节气日的具体日期，为大自然朋友们列出一份“约会时间表”，开启我们的二十四节气自然“约会”之旅吧!

我选的“植物朋友”

每一个节气日几乎都有明显生长特质的植物与之对应。这里，我整理了一张我平时搜集的“二十四节气对应植物列表”，大家可以参照列表，选择与自己的常住地，如小区、家附近公园、城市的植物园、森林公园等地相匹配的植物，作为约会的“植物朋友”哦。如果列表中有的植物与常住地不对应，也可以自己去发现和寻找。在当下节气和时令中找到对应植物后，制作一份属于自己的“植物朋友清单”。下表仅作参考。

★ 植物朋友清单

立春	迎春花、辛夷	雨水	杏花、紫叶李
惊蛰	桃花、棠梨	春分	含笑、垂丝海棠
清明	桐花	谷雨	牡丹、荼蘼
立夏	月季、虎耳草	小满	小蓟、珍珠梅
芒种	石榴花、栀子花	夏至	冠花贝母、紫花泡桐
小暑	松果菊、荷花	大暑	玉叶金花、槐花
立秋	八月菊、秋海棠	处暑	紫茉莉、茉莉
白露	葱兰、金桂	秋分	慈姑、阔叶十大功劳
寒露	菊花、海红豆	霜降	千日红、石竹
立冬	雪松、冬樱花	小雪	象牙红、野山茶
大雪	长寿花、瓜叶菊	冬至	蜡梅、枸骨
小寒	报岁兰、款冬花	大寒	瑞香、山矾

我选的“昆虫（动物）伙伴”

这里也提供了一份对应的昆虫和动物列表，以供参考。和上述植物列表一样，需要留意生活常住地的昆虫和动物适应的季节和气候变化。在山林、公园、动物园或昆虫博物馆等地，去探寻对应节气的“代表昆虫（动物）”，观察它们的变化特征。这些变化可能因不同地理位置和气候环境而有所不同。比如，我曾观察过华南和华东地区的蝉鸣频率和音调，确实存在细微的差别。当我带孩子在南方公园倾听蝉鸣时，蝉鸣声通常是一声接着一声，有规律地换气息。而在华东地区，蝉鸣声尖细而连续响个不停，似乎肺活量更大。当我们发现这个有趣的现象时，感觉好像掌握了某种自然的法则，既激动又喜悦。

★昆虫（动物）伙伴清单

立春	锦鲤、蛰虫	雨水	水獭、蜻蜓、蜜蜂
惊蛰	黄鹂、青蛙及各种昆虫	春分	燕子、蝴蝶
清明	珠颈斑鸠、鹌鹑鸟	谷雨	戴胜、布谷鸟
立夏	黑斑侧褶蛙、蚯蚓	小满	蚕蛾、蚂蚱
芒种	螳螂、伯劳鸟	夏至	蝉、麻雀、鹿
小暑	蟋蟀	大暑	萤火虫
立秋	寒蝉、鸳鸯	处暑	老鹰、白鹤
白露	鸿雁、燕子	秋分	螃蟹、杜鹃、喜鹊、蜜蜂
寒露	蟋蟀、蝉、天鹅	霜降	蚂蚁、白琵鹭、乌灰鸫
立冬	冬蝉	小雪	丹顶鹤、耐寒昆虫如蜜蜂、蝴蝶
大雪	东北虎	冬至	蚯蚓
小寒	大雁、喜鹊	大寒	母鸡、鹫鸟

我准备的“约会”流程

顺着二十四节气日历、七十二候变化，对照自己选好的“植物朋友”或“昆虫（动物）伙伴”清单，正式开始我们的“节气约会”之旅吧。下面的“约会”流程大家可以参考。

（1）选好节气日和“约会”对象

我将在________(写上节气名)，和________(写上植物名)、________（写上昆虫名）来一场浪漫约会

（2）了解“植物朋友”、“昆虫（动物）伙伴”的样子

见它们之前，我想先画出我心中的它们。

（3）了解具体对应的节气日相关知识

我将在我选的节气日前三天，了解节气相关知识，如历史渊源，气候特点，在这一天地球和太阳的关系是怎样的，白昼和夜晚的时长分别是多少。

(4) 开始“约会”之旅

★“约会”记录单

节气：　　　　　　植物：　　　　　　昆虫（动物）：

日期	时间	约会内容	负责人	备注
前三天	自定	1. 查资料：节气、植物、昆虫 2. 选一个户外场地（山林、草坪、公园、山林间的民宿等） 3. 准备工具材料	植物学家兼昆虫学家：我	
约会现场　活动内容安排				
节气日 ××月××日	10:00	到达户外场地	植物学家兼昆虫学家：我	
	10:00-10:20	休息及准备	植物学家兼昆虫学家：我	

续表

日期	时间	约会内容	负责人	备注
节气日 ××月××日	10:20-11:20	植物与昆虫探索之旅： 1. 看：颜色、形态、动作、所处的生长周期 2. 听：植物被风吹的声音、昆虫发出的声音 3. 嗅：大地、植物、昆虫 4. 触：感受植物和大地的质感、感受气候与物候的变化 5. 描述和记录：以上感官带给自己的体验和感受 6. 其他：种种子、找泥鳅、捕蝉、抓蛐蛐等	植物学家兼昆虫学家：我和爸爸妈妈	1. 针对一些环境生态美育基地，本身有安排这类活动的条件下可以按需选择参与。 2. 若自行去山野进行这些活动，家长要注意引导孩子，要以保护、爱护环境为第一原则，在不破坏自然环境的前提下，进行相关活动。
	12:00-13:00	就近美食午餐（选符合该节气推荐的食物／素食餐厅等）		
	13:30-15:00	愉快返程或静心休息		
节气后		手账：日记、心得、绘画		

（5）设计一份手写版的海报

（示例如下）

10:00　抵达山林

10:00-10:20　休息及准备

10:20-11:20　感官之旅 | 植物 / 果蔬 / 昆虫 / 土地

12:00-13:30　美食午餐 | 蔬果沙拉简餐 / 素食简餐 / 节气美食

13:30-15:00　愉快返程 / 静心休息

（6）“节气约会”之旅手账

如：“春分”之约，发现关于“春分”的趣事

气候特点

节气诗词、农谚

太阳直射地球的位置

昼夜时间

节气养生美食

我心中植物 / 昆虫朋友的画像

有趣的发现

当我们带着孩子有意识地去了解和观察节气的特点和变化，并在二十四节气中与相应的植物和昆虫有了24次亲密接触后，家长可以对孩子说：你已经变身成一个小小的“植物学家”或“昆虫学家”啦！孩子们也会惊喜地发现，原来大自然和宇宙万物之间，存在着一种宏大而又与我们紧密相连的法则。通过置身自然，扮演观察者和研究者的角色，孩子在24个节气日中感受到自然和生命的完整轮回与运转，这不仅激发了他们对万物生长的好奇心、观察力、敬畏之心以及探索精神，还培养了孩子从日常事物中“以小见大”的洞察能力。在二十四节气日所蕴含的深厚历史文化中，孩子们体验到了自然生命的智慧和价值。

第　二　节

自然艺术家

英国小说家毛姆的著作《月亮与六便士》是以法国后印象派画家保罗·高更的一生为原型创作的。高更在成为画家之前，从事的是股票经纪人等与金融相关的工作，但他想成为画家，于是每个星期天去画画，他称自己为“星期天艺术家”。

三月的某个周末，我带着孩子在一间田园民宿度过了一段“自然艺术家”的美好时光。我们到达时正值下午，阳光不那么耀眼，两只好客的小狗把我吸引到院子里的小玻璃房子内。我一眼瞧见一面书架，随意抽取了一本《月亮与六便士》阅读起来，然后就被“星期天艺术家”这个概念吸引了。高更通过每个周末的绘画学习，持续创作的热情，最终与梵高、塞尚并称为“后印象派三大巨匠”。

我们不需要成为像高更那样的真正的艺术家，但我们可以成为玩家中的周末“自然艺术家”。也许，在游戏中，我们就能蜕变为真的“新生代艺术家”呢。

在现实生活中，我们大多数人成年后，心里偶尔会涌出少年时期的梦想火花，但一想到种种不可能，这火花很快就被掐灭了，

孩子说要做大自然“声音艺术家”“躺平艺术家”

再次陷入一种遗憾的循环里。为人父母后，我们还想让孩子也延续这种无谓的轮回吗？相信你会本能地说，不！

这一节亲子游学的目的，就是想让孩子在这种自然的体验和探索中，纯粹地追随他们内心所欢喜的艺术活动，去挖掘他们天赋中潜在的创造力。帮助孩子寻找属于他最喜欢、最向往和最舒适的艺术表达方式，以大自然中蕴藏和可触及的艺术美学元素和营养，滋养孩子的生命能量。

在一个可掌控的周末，走进大自然，唤醒藏在身体里的那个“艺术家”吧。

孩子天生都是亲近大自然的，也天生都是“艺术家”。而做了父母后的我们，也可以抓住这次自然“亲子游学”的机会，再来一次“童心未泯”，和孩子一起成为最自由的“自然艺术家”，全方位打开感官，撒欢地做自己。

周末画家，色彩艺术家

在湖庐艺术空间游学时，我问其主理人、广州美术学院油画系教授胡赤骏：“我现在想学艺术的话，还来得及吗？还需要去考美院学习专业课程吗？”

他笑着回答：“完全来得及，你买支画笔，买好纸，画就可以了。”

我惊讶极了：“就这么简单？！”

他说：“对，就这么简单。艺术很纯粹，孩子有天生的艺术头脑，我的孩子从小就没有教过他画画，但我经常带他来山野之间玩耍，他就自己在大自然中观察和画画。我的理念就是，不要去破坏孩子的审美天性和艺术天性。现在，也有很多艺术家特意模仿小孩的那种稚嫩的创作。”

写给“大朋友”

孩子天生爱绘画，画画是他们表达自己的方式。从最开始的一个小点，到一条线，再到一个闭合的圆，几乎每个孩子在绘画上都是沿着这个轨迹发展的。可惜的是，当孩子开始拿笔在纸上努力地戳点点时，有些大人会“自作聪明”地抓住他的小手说：“来，宝贝，我来教你怎么写自己的名字。”这几乎无一例外是个破坏孩子创造力的开始。

无论孩子画的是点、线，还是任何不成型的图形，我们都要做个不去干涉的“乖大人”，给予孩子最好的反馈：“宝贝，你画的每一个点点都很特别；你画的每根线条都伸向不同方向，好像一个努力的小探索家……”

写给小朋友

我很小的时候就想画画了，但我还不太会用语言表达，那时候的我也不知道怎样更好地运用工具来表达。

现在我长大了一些，我还是很喜欢画画，但为了不破坏我固有的审美和创造力，请爸爸妈妈不要随便给我报名参加绘画兴趣班，并不是所有兴趣班的老师都真正理解孩子、都真正懂得如何教授绘画。如果我想深入学习，请一定要帮我找到懂孩子的好老师。

周末或假期，也可以带我去户外，我想带上我的水彩笔、可移动的画板架、一只小板凳，去野外的任何一块草坪，就可以画画了。画什么，我要自己定义，不要任何人来指导，我观察那棵胡须吊得老长的大榕树很久了，它的根须四通八达，到底伸向哪里？树底下有个魔法学校吗？真是有趣极了。还有夏天傍晚天上飘过的白云，我觉得那就是“云中小卖部”出售的雪糕、棉花糖吧。

好的，我开始了。

★绘画创作单

创作形式	画家，色彩艺术家，手作艺术家	备注
素描、水彩画	在我的小画板上画：有魔法的树，生气的老虎妈妈，粉色的云朵棒棒冰……	准备相关工具：画布、画笔、清洁袋、环保袋等
拓染画	野外所有有颜色的花朵，我拿来拓印在我的小布袋子上，下次背它去采零食……	
石子画	收集鹅卵石，扁扁的石头，我想把它们涂成不同的颜色，做一个石林怪兽国……	
白色T恤画	采集自然的颜色，选一件纯白色T恤衫，采集喜欢的植物颜色，以及水彩颜料作画	
______画	自定义	

注：以上创作可以是专门的活动，也可以在家庭露营、户外活动、民宿周边等进行。

自然音乐家，舞蹈家

风潮音乐制片人、大自然的音乐采集者吴金黛，她用20多年的时间，深入高山、森林、湖海，收集了最原生态的鸟语、蛙叫、蝉鸣、溪流等无数自然生命的声音，创作出悦耳治愈的《森林狂想曲》和《最近的天堂》等作品。

大自然到处是自然的音乐源泉，可以请孩子来采集。

当孩子刚开始学步时，听到一首有节奏的音乐，他们会不自觉地随着节拍扭动身体。

就是这样神奇，人类天生对音乐和舞蹈有着敏锐的感知。

春天，穿着汉服或唐装的孩子，只要站在花海中，就会情不自禁地挥动长袖起舞。

夏天，在露营地，只要给他们一点音乐，他们就能马上旋转跳动。

秋天，孩子们在追逐落叶的同时，和秋天来一场亲密无间的嬉闹双人舞。

冬天，围炉煮茶时，讲述《三国演义》中周瑜群英舞剑的故事，边舞边煮茶论英雄。

……

我的四季音乐舞会，也要开场了。

★舞蹈创作单

<table>
<tr><th>四季</th><th>周末舞蹈家，音乐家</th><th>备注</th></tr>
<tr><td>春日音乐舞会</td><td>1. 汉服主题：选一首唐诗或宋词，自编舞曲，自导自演
2. 采集春天的鸟类、河流的声音，寻找节奏规律</td><td rowspan="3">准备相关工具：
露营装备/户外音响设备/季节主题服装/清洁环保用品等</td></tr>
<tr><td>夏日音乐舞会</td><td>1. 傍晚露营主题：儿歌律动，国学类舞曲
2. 呼朋引伴，采集夏日青蛙、蝉、蛔蛔、鸟等动物的声音</td></tr>
<tr><td>秋日音乐舞会</td><td>1. 落叶主题：和叶子一起舞蹈，随心所欲地舞动就好，假装自己就是一片叶子
2. 采集秋天踩在落叶上的声音，风吹落叶的声音</td></tr>
</table>

续表

四季	周末舞蹈家，音乐家	备注
冬日音乐舞会	1. 围炉煮茶主题：结合《三国演义》或其他典故，或英雄情结的舞蹈 2. 采集煮茶的声音，食物被烤熟过程中发出的声音	准备相关工具：露营装备/户外音箱设备/季节主题服装/清洁环保用品等
——	自定义	

注：以上为四季各个周末活动推荐，方式可多样。

自然诗人

孩子绝对是天生的诗人！孩子们的诗意和金句是随时随地出现的，充满了童真的想象力和浪漫的美学价值。

我陪伴孩子时，会随时记录下他突然间脱口而出的诗句。

当我们的身心完全沉浸在大自然中，随口说出的句子可能就是一些美好的诗句。周末诗人要创作诗歌了，就大胆去创作吧。

创作主题：吃，玩，季节，散步，徒步，聊天，朋友等任何主题。

创作形式：纸笔（自己手写），脱口而出的语句（父母要做到用心聆听，随时准备记录）。

我的诗歌：________________

第 三 节

露营“故事屋”和“读书会”

自古以来，人们就喜欢户外郊游和露营。《论语·先进篇》记载了孔子和弟子们的日常论道，谈及生活志趣时，曾皙曰：“暮春者，春服既成，冠者五六人，童子六七人，浴乎沂，风乎舞雩，咏而归。”描绘了一幅春日露营郊游图景：春光明媚，五六个知己好友，带着六七名书童，在舞雩台上吹风，衣袂随风飘举，回家路上吟咏着诗词和歌曲。郊游或露营的传统一直流传至今。在露营过程中，人们或曲水流觞，或吟诗作画，或磨墨挥毫，或引吭高歌，真是既风雅又洒脱。

近年来再次流行的露营活动，让人们又有了回归大自然的渴望。露营已成为大人、孩子都非常喜爱的户外活动，它也让正值空间敏感期、对自然充满好奇心的孩子能够更自由地表达自己。

在露营成为热门活动之前，我就经常组织宝妈朋友们一起参加户外露营活动。随着多次露营活动的组织，我发现大多数家庭带孩子露营的方式主要还是停留在：带上各类零食、水果，带上一个草坪垫和帐篷，大家坐在草地上吃喝聊天，本质上只是换了一个更舒适自在的地方吃喝。

可露营的意义，不应该仅限于野餐和美食，它还可以是一种精神上的充实。比如，有主题的露营共读会、故事会，延续古人“玩乐也风雅”的情趣。露营中的帐篷和草坪垫，正是天然的“故事天地”和“阅读场所”。在露营“故事屋”和读书会上，在吃喝玩乐之余，还能给孩子提供一个休闲的学习环境，打开心扉，一起讲故事，阅读感兴趣的书籍，分享彼此的收获和感悟。这样一方面给孩子带来更健康的生活方式，让孩子在户外奔跑、爬山、与父母一起动手搭帐篷、搬运物资的过程中，间接锻炼身体和培养动手操作能力；另一方面，更是为孩子扩展了生活和心灵空间，在欢快的活动中又能静下心来阅读和分享，从小习得“动如脱兔，静如处子”的功夫，在自然与书籍中寻得内在的专注和安静的力量。

出发去露营前，需要做哪些准备呢？本节涉及的是与自然生态美学相关的准备，主要包括以下几个方面。

(1) 露营装备。根据美学原则和个人喜好来准备，每件装备不仅要实用，还要讲究搭配和谐、环保。家庭间可共享装备，如帐篷、草坪垫、桌椅等，各家分任务携带。露营拖车有条件也可准备一辆，方便搬运物品。

(2) 食物和水。可外带的自制轻食，如糕点、水果、沙拉和健康零食等。同时，带上保温杯装的热水或矿泉水等。如果有兴趣在户外泡茶，也可考虑带上漂亮的茶具、器皿等。

小核桃和他的伙伴们一起动手搭建帐篷、搬运物资

（3）故事屋及读书会。带上绘本、故事书、名著、科普、地理等相关书籍。此外，准备画笔、专用读书笔记本（最好是空白页，方便孩子记录或画出自己的感悟和心得）、白纸（A3 或 A4 均可）。

（4）其他物品。防晒衣帽、防晒霜、防蚊喷雾、干湿纸巾等。

（5）选好场地。公园、植物园、森林、溪流河畔等地，或选田园风格的民宿类场地，但要确保安全第一，且尽量避免人员扎堆。

做好这些准备后，我们就可以快乐出发去露营啦。建议以 3 ～ 5 个家庭为单位来组织，这样可以让孩子们之间形成一种自然和谐的友谊氛围，同时也有助于故事屋和读书会的顺利进行。

露营“故事屋”

到达目的地后，首先需要搭建一个露营“故事屋”。

和孩子们一起选择一块干净、平整、舒适的草坪，分工协作，动手搭帐篷，摆桌椅，“建”一座露营“故事屋”。可以请孩子们为这个“故事屋”取一个富有创意的名字，如“宇宙最酷故事屋”“勇敢者故事屋”“美丽故事屋”等。

故事屋的玩法可以分两种，第一种玩法是“演故事”。根据提前设置的不同主题，如“勇敢故事”“快乐故事”“好玩故事”等，

春天的落花地，初秋傍晚的公园，都是就近露营“故事屋”的好去处

请孩子们用即兴表演的方式表演自己想分享的故事。或者孩子们心中有什么好玩的故事，如“脑洞版的西游记”“脑洞版的三国演义”等，自行组织角色，把听过的觉得精彩、有意思的故事，用自己的方式，来一场愉快的故事演绎。

第二种玩法是“讲故事”。每个孩子都是“故事大王”，请孩子们依次分享一个与主题相关的故事，在露营时当众为大家声情并茂地讲出来。大家可以一起给予掌声和喝彩，增强孩子的自信心。最后由一位家长代表为大家讲一个主题相关的历史故事，作为露营故事会的结尾。

露营“故事屋”的玩法可以与野餐会、零食交换、即兴表演、篝火夜谈等形式灵活结合。在群山、森林、大地、草坪、花朵、泥土的香气中，和孩子们一起自然地敞开心扉。我们的目标是为孩子们创造一种分享和倾听的氛围，让孩子们在享受故事带来乐趣的同时，也能感受到故事带给人的思考和力量。

山野“读书会”

我喜欢阅读，家中也充满了浓厚的阅读氛围。露营时，我也会带几本书，和孩子一起“把书房搬到户外去”。我们喜欢选择山林野外空旷的草地作为我们的阅读空间，并为它取名为“山野书房”。每次出发前，我们都会兴奋地说：“去‘山野书房’玩耍了。”孩子会带上他喜欢的书籍和玩具，只要有山、有树、有草坪，我们就能找到一个理想的地方当作我们的“山野书房”。哪怕只读了一页书，也是宝贵的“心灵浸润时光”。

在我们的“山野书房”中，流动着动植物科普、童话、四大名著、军事、诗集等多种内容。孩子伏在我身边，听我给他读书，时不时就听到的内容，他会问出一个意想不到的有趣问题，我们就放下书本，一起探讨。

“山野书房”最重要的一点是，任何时候去露营或户外之前，都要至少带一本大人和孩子都喜欢的书。可以只是亲子阅读，也可以邀请孩子的朋友一起参与。四五个孩子共读一本书，也是很有趣的自然活动。

在山间，在林中，在蓝天白云之下，有书香与泥土香，孩子的心灵获得有质量的滋养。也许就在那几分钟或半小时的阅读中，孩子的生活因此而有所不同。

我在这里设计的亲子露营游学活动，既有精神食粮，又有物质食粮。希望孩子们在大自然的怀抱中，在露营的旷野与山林中，在家庭美育师们的引导下，能够培养一些良好的玩乐能力与思考习惯，塑造出一个丰盈的心灵世界。

把山野当作“书房”

第　四　节

溯源沙漠江河与山川大海

五岳 / 西北沙漠 / 内蒙古草原 / 阿那亚海滩

英国著名作家、诗人娜恩·谢泼德在其著作《活山》中，为我们展现了一种全新的旅者视野和方法：我们完全可以将目光和心力聚焦在对山野自然景观的静心观察上，去触摸地理矿质，探秘土壤、海拔、天气和有生命的植物、昆虫，享受溯源溪流的乐趣。以“探索者”的身份，细腻而深入地探寻大自然的奥秘，从而完成一次深刻的内在心灵之旅。这种态度与我平日里探索沙漠江河、山川大海等自然景观时的状态和心态不谋而合。

当我们带孩子去户外溯源自然景观，进行山野湖海旅行时，我认为这些具体的观察、体悟、内心的感受，远比登顶、打卡、到此一游更有价值和深远的意义。这个过程将万物有灵的“灵气”与孩子的“灵气”连接在一起，从而无限拓展一个孩子内心世界的丰富容量。

“九曲黄河万里沙，浪淘风簸自天涯”，我第一次抵达西北，站在浪涛滚滚的黄河边缘，感受到黄河的气势磅礴，正如刘禹锡诗句中所描述的那样。大多数人想到黄河，脑海里大概都会浮现出奔腾壮阔的景象，可黄河的魅力远不止于此。当我来到西北坡的黄河宿集，我又见到了风平浪静、云散天明的坡底景象，黄河如一位贵胄，在蓝天之下静谧流淌，我立于河畔凉亭，看着波光粼粼的河面，深深吸了一口气，感觉一切似乎都静止了，内心不自觉沉静下来，整个人仿佛融化在那幅山河图景中，成为它的一部分。如果不是出于好奇地在荒草中漫步前行，我也不会发现这一刻的奥秘。在那独一无二的体验里，亲眼目睹黄河的“静气”，成为我旅途记忆中最重要的伏笔之一。

溯源黄河的壮观与静气

后来在腾格里沙漠，我见到了“长河落日圆”，见到漫天可摘的繁星，也惊喜地发现了沙漠中的小绿洲与小湖泊。我感叹人如沙粒，大自然如造物主。内蒙古草原上的风马牛羊，牧民黑黝黝的脸上挂着的笑容，夜晚不息的篝火，让我好像突然就明白了生命为何可以在这里达到极致的旷达和不羁。驾车登上五岳之一的中岳嵩山，在寸草不生的沙石尘埃之间体味颠簸，最后在接近山顶的地方，被少林寺的功夫与信仰深深打动……

那些吸引我们一再到访的自然景观背后，藏着宇宙无数的大小谜题。只有亲自走近它们，谜题的题面才会一点点展现。每一次或大或小的发现，都是一次独特的生命体验。

在开启一段溯源自然地理的亲子游学之前，我们确实需要做一些周到的行前准备。

首先，我们需要选择合适的目的地和路线。因为孩子在不同年龄段的体力和抗风险能力是不同的，在安全第一的前提下，对于年纪较小的孩子，我们要尽量选择路线比较平缓、有适当休憩设施、沿途风景秀丽、有鸟语花香和绿荫等自然景观的地区，比如森林公园、风景湖泊、小山林、溪流等。对于年龄较大的孩子，可以适当选择有一定挑战性的目的地，如五岳名山、大海湖泊、沙漠草原等。

其次，我们需要提前做好详细的行程规划。无论是名山系列、名湖系列还是名海系列，我们都应该按照兴趣以及便利程度来规划相应的路线。确定好目的地和路线后，我们要提前做好交通及食宿安排、日程计划，包括溯源探究的方式，是以自然探索、生态研究、文化教育还是户外实践为主。事先询问孩子的意见、需求和兴趣，跟孩子一起商量并制订详细计划，让孩子感受到主导感，他们会更有信心参与其中。同时，要留出每天行程的“变化时间”，以应对突变的天气或因各种原因被取消的住宿和交通情况，培养和学会“风险预控”的意识。

再次，我们需要提前准备好户外探索所需的装备和用品。无论是登山、徒步还是其他户外活动，最好都准备专业的户外运动装备，如徒步鞋、速干衣、轻便的户外旅行背包、防晒服及防晒帽、防晒霜、防蚊液、急救药品和急救包等。同时，别忘了给孩子带上他们平时喜欢的玩具和书籍。

最后，我们要带孩子准备好健康的身体和丰富的相关知识。平时应多带孩子运动锻炼，培养一到两个运动爱好，比如篮球、跑步等，以增强孩子的体力和抵抗力。有好的体格才能应对跋山涉水的游学活动。此外，在平时的阅读中，可以加入关于中国地理地貌基本特征的相关知识，以及关于所要去的目的地的地理气候、自然现象、历史典故等内容，这些都是出行前需要了解的要点。这样，我们就能带着知识去现场验证，或许还会有意想不到的收获。

我在这里分享的溯源自然地理景观的亲子游学，是在结合自然探索、生态采撷和文化追溯的基础上，由外而内深入自然的一种探索性“玩着学”活动。我们可以选择其中一种或几种组合的方式来进行。

让我们和孩子一起以观察者、探索者的身份，开启一段有意义的亲子“地理溯源”游学之旅。

比如自然探索，亲子一起探索，徒步和登山是一种很好的方式，一边行走一边交流，不必带着每小时走多少千米的压力。可选路段合适、相对在体力承受范围内的徒旅路线，如溯溪、山林、沿湖（海岸线）徒步等。

在自然探索、生态采撷和文化追溯的过程中，我们可以引导孩子多角度观察，既要有全局视野，也要有局部细节的深入观察，如沿途的地形地貌、不同路段之间的变化，以及植物与花鸟虫鱼等的形态。具体的方法有很多，可参考以下几种。

1. 换个角度看世界

大人与孩子的视野差异往往源于我们的高度不同。一朵花在低龄孩子眼里可能是一棵高大的花树。我们可以蹲下身和孩子一起观察，也可以引导孩子换一个角度看世界。

按照日常惯性，我们一般会用身高与视线的正常角度看。但其实也可以蹲下身与自然万物更亲近，甚至颠倒视觉，你会发现很多不同的小乐趣。

孩子可能会首先发现一个意趣盎然的新世界：

“蹲下身，看看那只小爬虫的触须，它是怎么快速躲到一片像大伞一样的绿叶下的？”

“当我们从高处俯视山野，会发现它就像一幅缩小的画卷，而在谷底仰望高山，它则像一个巨人，带给我们的是完全不一样的感受。”

2. 让感官带着我们走

当我们置身户外时，五觉感官都会被唤醒，视觉、听觉、嗅觉、味觉和触觉都在跃跃欲试，要带着身体的感受往前走。孩子的每一个感官更是聚焦而细腻。有一次，我们带孩子去辽阔的江汉平原看大片油菜花海，顺着他的目光看过去，他专注而陶醉的神情深深打动了我，那一刻，花海与他共有了一段感官上的“沉浸时刻”。

我们在感官的世界中，会看到阳光对自然万物都无所顾忌地给予，穿过高大树木投射而下的阳光会把万物叫醒，动物们的足迹忽然闪现眼前，我们仔细辨认一下是谁的小脚印。我们也会听到树叶被风吹动发出的沙沙声，清晨半梦半醒时听到的拖鞋走路声。一只画眉鸟忽然扇动翅膀掠过湖面的声音，远处燕子的尖叫声，森林中特有的混音，就像谁挂了一整串风铃在自动摇摆。我们嗅闻不同树木散发的木香，大地上刚吐出嫩芽的泥土味，以及若有若无的野花野草香。我们触摸岩石的硬度和青草的柔软度，在溪流中捡起一块鹅卵石放在掌心，时间似乎都变得温润，每一种感觉都有不同的层次。

在这个过程中，我们只需要问问孩子看到了什么，听到了几种声音，闻到了什么特别的味道，产生了怎样的感受。他们的答案往往都很令人惊喜。

在大自然中，我们就是要充分打开各个感觉系统，让它带着我们前行，这样的旅程比只顾着到达终点更有意义。

3. 演习没有工具时如何捕捉“方向线索”

在原始时代，猎人在没有现代智能设备的情况下，依然能通过观察天地万物来辨认方向。为了教会孩子一些基本的户外生存技能，我们可以试着带孩子观察一些明显的事物变化，找到时间、方位、天气等方面的线索。

如果我们在户外迷失了方向，可以通过以下方法来定位。

(1) 观察天空（太阳和星星）：我们可以通过观察太阳的位置来分辨东南西北。此外，通过寻找北斗七星或北极星，来确认北方，从而推断出其他方向。

(2) 沿途标记路标：出发时就先确认一遍行走路线，无论是从东到西，还是从南到北，在沿途标记一些显眼的标志，比如水流流向、山体朝向等，以便回程时识别。

(3) 在自然本身的特征中捕捉信号：一些植物在南半球和北半球会呈现不同的生长习性。例如，南半球的植物因为靠南侧阳光充足而生长得更茂盛，在北半球，喜阴湿的植物在靠北侧可能生长得更好。有经验的旅行者甚至可以通过观察某种植物叶片的朝向来辨别方向，这是一种很细致和实用的观察技能。

在户外溯源的过程中，关于生态采撷和文化追溯的部分，我们可以结合不同目的地的已有资源来设计活动。比如，植物博物馆、当地古村落、古遗址、生态艺术馆等，这些都是不可错过的学习机会，可以加深孩子对自然探索的文化认知和思考。

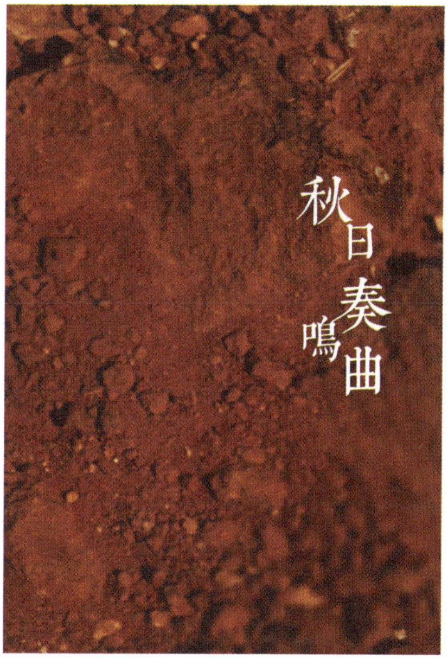

山河湖海，留下我们的足迹

出发吧，带着孩子去揭开宇宙中隐藏的那些奥秘。这些意想不到的溯源之旅将会激发孩子强烈的求知欲，培养他们遇到问题学会自己找答案、追本溯源的思考习惯和解决问题的能力。同时，这些经历也将帮助孩子构建一个充满联想力和再生力的奇妙内心世界！

第四章

美学旅行家私房推荐的其他主题游学

第　一　节

天文科技·美学之旅

以天文科技为主题的亲子美学之旅，是在探索天文科技的基础上，更注重孩子如何借助天文科技的演绎来实现美学鉴赏和艺术探索上的美育培养。随着科技发展日新月异，国内教育改革和创新上也越来越重视科技教育。日常的亲子天文科技美育之旅，可以通过家庭美育导师和现有的优质资源帮助孩子进行审美筛选，选择那些充分结合美学与艺术的天文科技活动。这样的旅程，可以让孩子在玩耍中一边遨游在科技的奇幻世界，探索科技原理，一边开拓艺术审美与科技紧密相融的视野。

去年国庆期间，我带孩子们在湖北省科技博物馆参观、体验了一场新奇的天文科技美学之旅。从建筑外观到内部科技展示，眼、耳、手根本不够用，我们看到特斯拉线圈、量子力学体验、达芬奇手术机器人以及 VR 技术如何与真实的人体结构相结合的奇妙现象。

我首先搜集了这座建筑大量的俯视平面图和设计图，到现场后，再引导孩子们仰望和观察建筑主体，并给他们讲解这座博物馆的设计创意和美学来源，启发他们对科技与美学如何完美结合

达芬奇手术机器人
LEONARDO DA VINCI SURGICAL ROBOT

大科学时代
THE AGE OF SCIENCE
1957

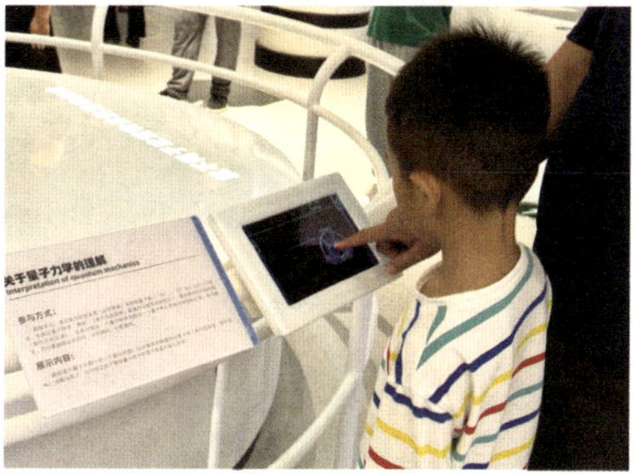
关于量子力学的理解
参与方式：
展示内容：

9 湖北省科技博物馆

的思考。这座建筑是由中南建筑设计院设计的，它将科技与文化美学完美地融为一体。建筑师在外观设计上融入了芯片、银河等科技元素，并深入挖掘中国传统文化的精髓，整体设计以“天圆地方”的哲学概念为基础，结合湖北地区的文化瑰宝，以湖北人毕昇发明的活字印刷术为灵感构建了建筑主体的造型。此外，还精心设计了照明系统，使得夜晚的建筑光影效果令人惊叹。光是建筑本身，就如同一个巨型美学展示盒子。

进入博物馆内部各楼层展示区后，孩子们在扑面而来的各种声学、光学、物理学、天文学等科学原理设计的大型互动装置中找到了极大的乐趣。他们站在 VR 感应屏前舞动身体，直观地看到人体结构中的骨骼是如何灵活地支撑着整个身体的运动；他们观察到横跨在半空中的管道装置，通过不同颜色的小球展示着物流运输系统背后的原理。孩子们可以将色彩缤纷的小球从底部放进其中一个管筒，然后仰头观察它们如何被神奇地运转到各个运输环节；在杠杆装置中，孩子们体验了如何凭自己的力量吊起一辆 1 吨重的小汽车……在这趟天文科技的亲子美学之旅中，我们都被深深震撼，这个世界还有太多的惊喜等待我们去探索。

天文科技的美学之旅，在日常亲子教育中，其实是非常便捷和容易实现的，关键在于我们是否具备这种思维方式。基于我个人的实际经验，我总结了三种方法供大家参考。无论采取哪种方法，都如同《哆啦 A 梦》中的“任意门”一般，能带我们看到不一样的世界。

1. 户外星空瞭望之旅：寻找星际美学奥妙

自人类诞生以来，星空亿万年如一日地闪烁。宇宙、太阳系，每一种天文现象都启发着仰望星空的人以不同的思考。我儿时在乡村长大，每个夏天的夜晚，我躺在竹床上，仰望着满天繁星，这便能启发我对北斗七星、北极星、月亮的形态变化以及升起与降落位置的认知。每年夏夜，我都可以乐此不疲地做这件事。

（1）夜晚仰望星空

在晴朗的夏夜，无论是郊外还是村落，都能看到满天的星星。我们可以为孩子创造这样的机会，带上望远镜，一起观察星空，认识星座，讲不同的星座故事和知识，让孩子的童年有一个具体而真实的场景来思考星际之谜和观察宇宙，培养他们对浩瀚宇宙的好奇心和想象力。

（2）天文摄影

我们可以教孩子用手机或专业相机设备，体验如何拍出星空、月亮、流星等天文现象的乐趣。让孩子像天文学家一样，去观察那看得见却摸不着的神秘宇宙。

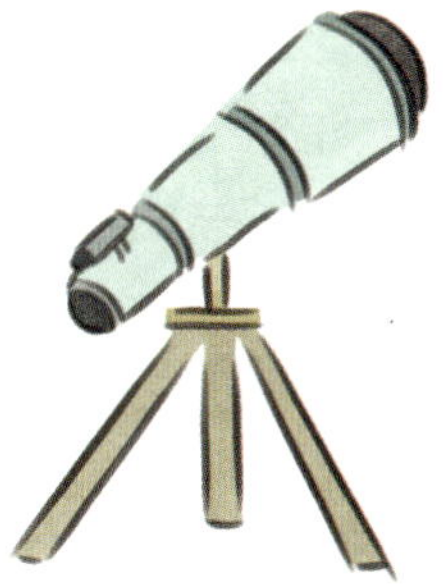

（3）星空露营

找一个安全的地方，或者一个专业的露营观星场所，带孩子去体验一次星空露营。

以一种原始的栖居方式，结合露营本身所蕴含的一点点冒险精神，孩子们可以在星空的注目下入睡。这样的体验能拉近孩子和宇宙之间的距离，增强他们对宇宙的亲密感和新奇感。

2. 参访展馆之旅：在天文科技相关主题展馆中发现科技美学

天文馆、科技馆、科技主题博物馆、科技中心等，都可以成为日常天文科技美学的亲子游学目的地。随着科教兴国的普及，如今在每个城市几乎都能找到这样的科技主题展览馆。我们可以多关注所在城市及周边城市的相关主题展览馆的信息，利用周末或小长假的时间，带孩子去参观学习。

(1) 收集意向的天文馆、科技博物馆的相关展讯

我们平时可以收集一份所在区域的“天文科技馆讯息库”，并根据建筑设计美学、科技材料、互动展示主题、视觉美学、科技产品与装饰艺术等多个维度的科技呈现方式进行筛选，选出具有较高美学参访价值的目的地。

(2) 观看相关主题的天文科技影片、纪录片

可以和孩子一起在家观看评分较高的相关天文科技类纪录片、影片。这样的活动既有助于培养亲子感情，还能通过影像的生动解读来激发孩子的求知欲和对美的探索欲。

广东科学中心

(3) 参加互动展览

在带孩子参访的过程中，我们可以和孩子一起参与互动展示，通过亲身体验来了解航天科技的发展历程和重要革新性成果等相关知识，如太阳系模型、航空航天发射模拟、物理学装置傅科摆模型等。

在整个过程中，我们可以启发孩子主动去观察全局系统的设计美感，并发现细微处的科技美学呈现。让孩子分享自己对这些科技展览的印象和感悟，从而在潜移默化中培养孩子的科技美学思维。

3. 二次创作：尽情释放发明与创造的天赋

在带孩子进行了不同路线、不同主题的天文科技美学之旅后，我们可以引导孩子在科技的广阔世界中尽情释放他们的潜能：或动手发明一个小装置，或在画板上挥洒自己对天文与科技的想象。在我们带孩子“输入”了大量的天文科技知识和美学艺术元素之后，一定要给孩子提供一个“输出”灵感和创意想法的通道，帮他们布置或创造这样的场景：发明小屋，科幻天地（用于绘画、拼贴 DIY）等。

(1) 发明小屋

世间万物都起源于一个看不见的“想法”，通过一双双手的创造过程，最终变成了我们熟知的日常。孩子的大脑应该是一个不受限制的无限空间，他有足够的能量来发明想要做的物品。只要给他一个空间，给他想要的材料，任由他在尝试中失败或成功。发明不仅源于想象力，更在于充分的“释放”。而父母在这个过程中，多多回应、肯定与鼓励，将更能激励孩子创造的热情。

（2）科幻天地

梵高在创作《星空》之前，一定无数次地仰望星空，沉浸在思想的心流中。他的这幅后印象派代表作，非常主观地借助了星空这个宇宙日常现象，来表达他内心深处强烈的情感，展现了他对宇宙自由无碍的异常浓烈的渴望和期盼。这是一个艺术家对天文现象结合内心情感的再创作。

我们带孩子看完星空、各类科技馆和天文馆后，孩子的心中也充满了知识的萌芽和他自己的理解和联想。我们可以鼓励孩子用绘画的方式，画出他亲眼见过的星空、想象中的星空故事、各类装置与科技呈现，包括颜色搭配、形状设计、功能美观等方面，鼓励孩子大胆地用自己的方式绘画出来，就像把脑海中吸收的“精灵”具象化，变成纸上看得见的画面。

此外，我们还可以通过手工 DIY 的方式，和孩子一起合作制作简易的指南针、望远镜、地球仪、太阳系模型、物理杠杆等装置。在动手制作的过程中，再次体验天文与科技的奇妙，开启大脑的创造开关，尽情释放创造与想象的能量和天赋。这样的亲子美学互动时光是非常有意义的，可以让孩子体验到天文科技美学中探索的巨大乐趣和愉悦体验，科技、艺术和美好的情感就这样

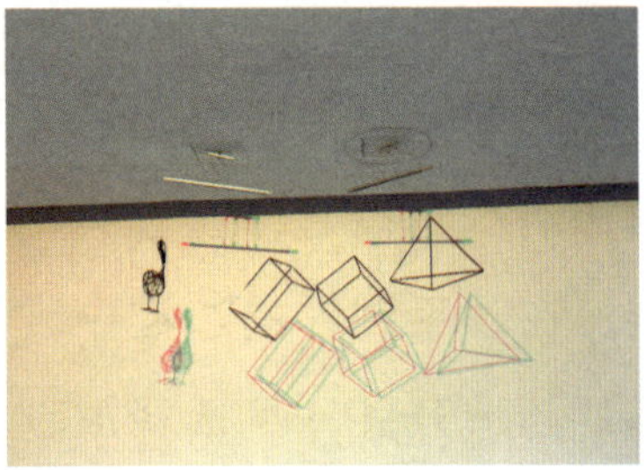

东莞市科学技术博物馆

悄然流入一个小小创造家的心田。

以上的天文科技美学之旅是一种日常假期随时可以进行的活动。作为一名有着从业十多年经验的艺术美学游学策划及项目负责人，我觉得一场深入内心的游学体验活动需要融入日常生活，花三四天或一周的时间，带孩子深度参与天文科技美学之旅的主题研学活动，也是不错的选择。后期我也会开发出更多这样的路线，为有需要的家庭创造深度、好玩、有趣的旅行体验。

作为家长，我们如何在结合科教大趋势的基础上，利用科技的力量帮助孩子培养科技素养与艺术审美的双重思维，相信您已经知道如何安排即将到来的各种假期了。

第　二　节

海外艺术 · 美学之旅

近现代中国美学大师，如宗白华、朱光潜，中国“美育第一人”蔡元培，美术教育家李叔同、蒋勋等，都拥有海外求学和游历的经历。他们在东方与西方两种文化背景的交融中，完成了艺术美学更高维度的锻造和提纯。

他们都是见识过中外美学、学贯中西的大师，他们不可能坐在家门口仅凭着想象去创作。他们要么思想走得很远，要么身体和思想都走得很远，既见到日常，也见到不同寻常、超出视线范围之外的美学意象。他们在正面与反面、黑暗与光明、横向与纵向的各个维度中接通美学元素的汇流。

海外艺术 · 美学之旅赋予我们机会，让我们在一个与日常习惯不同的文化系统中去探索艺术和美学的表达方式，探索非本土文化的存在形式。在更宽广的坐标轴上，让孩子可以形成更深入的美学见解，培养孩子从小就拥有不同文化视野下的审美认知和审美鉴别能力。

意大利·佛罗伦萨，
一座连呼吸都充满艺术美学气息的古城

行前准备：做自己的“行程规划师”

海外艺术美学的亲子游学，最重要的是行前筹备和行程规划，准备越充分，行程越顺利。对父母的知识视野和解决问题的能力要求比国内游学更高一些，父母要解决语言、交通、安全、预订行程等各项事务，需要有一套良好的规划能力。家长可以和孩子一起做好自己的“行程规划师”，相关准备建议如下。

行程规划单

清单项目	内容	备注
✔ 游学主题	海外艺术·美学探索之旅	
✔ 时间计划	推荐：寒暑假，根据时间和预算，选一周至15天时间不等	
✔ 行程规划	1. 做一份“梦想清单”：写上要去的国家、艺术美学站点 2. 规划行程：国际往返机票、行程保险，以及到达后每日交通、食宿、行程、事项清单 3. 准备护照/签证：根据情况，可自行办理或请代办机构办理 4. 主要行程内容：打卡当地名校+艺术美学场所参访+感受当地生活方式	

清单项目	内容	备注
✔ 物品清单	1. 游学物品：护照 + 身份证 + 城市纸质地图 + 紧急电话 + 语言翻译软件 + 各地参访门票及小文件夹 + 多色圆珠笔和空白笔记本、手账本 + 其他补充物品 2. 出行物品：出门可背轻便背包 + 护照证件 + 冷暖衣物 + 纸巾 + 口罩 + 保温杯 + 其他个人需要的物品	
✔ 预订事项	1. 签证办理：至少于出发日期前半个月办理好签证，以免影响行程安排 2. 机票、酒店：国际机票、所住酒店越早预订越划算，所以要优先规划好出行目的地 3. 地接：落地后的行程全程协助，包括接送机、交通、食宿、参访等事项的服务（若自由行，可不需要地接安排） 4. 参访地门票：美术馆、艺术馆、博物馆有的需要门票，有的免费开放，事先在对应官网查询好相应信息，提前购票（官网可选语言，若不能选中文，就推荐选英文）	
✔ 注意事项	1. 天气：提前做好天气查询（根据天气准备出行物品，雨伞、雨衣、雨靴等） 2. 安全：安全第一，参访地也有各种注意事项提示，不要出于好奇攀爬楼梯、作品展示的高处等有潜在危险的地方和区域，看护好孩子 3. 网络及通信：提前开通国际漫游功能或购买目的地电话卡，保证异国网络畅通，充电设备能正常充电 4. 文化礼仪：在异国文化背景下，不发表违和言论，不主动起冲突，尤其注意文化差异比较大的地方，注意在公开场合不触碰敏感话题	

续表

清单项目	内容	备注
✔ 注意事项	5. 形象管理：不在参访地室内大声喧哗嬉闹，参访地是需要保持相对安静的场所，可以低声交流；不穿拖鞋或暴露的衣服，主动管理好个人形象 6. 异动情况：行程中随时关注孩子的身体和情绪状态，给予及时的照护；若因天气或不可控因素不能按计划出行，可提前查询是否可以退改门票及改变交通行程，妥善安排	
✔ 小贴士	1. 准备过程中，建议父母带着孩子以“环保出行”的原则进行，优先使用环保物品 2. 同时也请父母鼓励孩子按照项目试着自己思考和动手准备，父母只需要帮助补充完整，而不是包办，并适当给孩子分配力所能及的任务，一起结伴“友谊出行” 3. 出现任何计划以外的情况，都请第一时间保持“情绪稳定”，父母不要焦虑，有变化就积极应变，带着“随时准备好接受各种美好情况发生”的心态来应对，就会真的收获美好的游学旅程	

游学过程：探索家，发现另一片“美学新大陆”

自古以来，人类就有一颗喜欢不断拓展边界的求知心，因而从未停止探索世界的脚步。哥伦布发现新大陆时，虽然新大陆早已存在，并非因哥伦布的发现而变得“新”起来，但哥伦布的名字却与拓展既定地域边界联系在一起，因为他发现了他人尚未发现的新世界。

当我们带着孩子开启海外艺术美学之旅，就如同探险家一样，不断打破视觉盲区，在未抵达过的国度，去发现那些等候已久的新奇与未知，在那片“美学新大陆”上构建孩子新的认知版图。我们可以看到，那些建筑师、艺术家、创造工作者，大都在充分了解本国艺术美学的基础上，会去海外探索艺术美学的不同形式、风格和内涵，并将其融入自己的创作中。

亲子海外艺术美学之旅可以从以下几个方面来规划行程，让孩子和你一起成为人生探险家，去发现另一片天空下的“新大陆”。

① 当地大学（网上可查阅）。选一所当地名校，带孩子去校园感受海外名校的学术氛围和校园之美。可以和校园里的学生聊聊天，或去教室旁听一堂课（或参加专业的研学课程）。

② 著名美术馆／艺术馆／博物馆。提前做好攻略，查询好当地著名美术馆、艺术馆和博物馆信息，和孩子一起感受异国艺术的历史和艺术家们的作品。国外的家长带孩子去美学场所，让孩子从小接受浓厚的美学熏陶是一种常态。

③ 著名剧院观剧。观看剧院演出是一种非常好的体验当地文化的方式。可参观著名建筑师设计的剧院，如罗马有一座很有名的剧院，在罗马音乐主题公园，是伦左·皮亚诺设计的。在参访建筑的同时，可以预约一场罗马歌剧，穿上晚礼服，沉浸式体验

欧式古罗马的古典与浪漫。

④ 当地特色美食。去不同国家游学，一定要带孩子去品尝一下当地的特色美食。哪怕不是很习惯，但至少应该去体验一下，通过味觉了解原来人们的美食文化是如此不同，从食材的选择、烹饪方法到口感，都与自己的日常生活大相径庭。

⑤ 民宿或设计类酒店。住宿上，根据实际情况做选择。在确保安全和卫生的前提下，若要体验全程沉浸式的艺术美学，建议选择有设计感或有历史感的酒店或民宿。

⑥ 超市或菜市场。艺术美学并不局限于美术馆和艺术馆。可以带孩子去逛一下异国他乡的超市和菜市场，因为这里才是真正贴近当地生活本真的地方，它们可以让我们看到不同民族各自独特的生活美学。

⑦ 书店 / 咖啡馆 / 大博物馆或品牌旗舰店。逛累了可以选一家街边的咖啡馆休息，品尝当地特色的饮品，和孩子聊聊一路上的收获和发现。或进入一家书店，随心拿起一本书，哪怕不懂其中的语言，也可以通过触摸书本的质地，来感受语言在不同文化环境中的表达形式。或去一些大型博物馆或品牌旗舰店看看，全部都是美学的成品，看艺术美学如何演绎出纷繁夺目的诱人效果。

⑧ 沉浸式的城市漫步。晚饭后或白天的空闲时间，可以带孩子在城市中漫步。漫步的过程，也是一个发现不同的过程，孩子

意大利·摩德纳，法拉利博物馆

会感到更加新奇，会觉得到处都是新鲜事物，可以把这些发现全部拍下来，记录在手账本上。

在此过程中，因为涉及语言的差异，可尽量选择有质量的中文导览，或带着一对一导览进行参观。可以鼓励孩子提问和互动。若孩子当时并不是很喜欢，那就要尊重孩子的内心，也许他暂时还理解不了，但看过与没看过，始终还是不一样的。

海外艺术·美学之旅最有趣的部分，就是带孩子去发现不同于日常的一些事物和细节。我们可以在出发前就扮演“探索家”的角色，每发现一件新奇有趣的事，就记录下来。旅途中，孩子可能有很多个是什么、为什么要问，我们陪孩子一起当一个充满好奇心的“探索家”，一起去探索、去找答案。

让我们带着孩子，在不同的世界中，学会更全面地挖掘自我的潜能；在异域文化的审美之间，学会更客观地欣赏美；在海外美学的“新大陆”中，尽情地做一个快乐的探索家和发现者，激发孩子描绘属于他们那万花筒一般充满无限可能的未来。

罗马 21 世纪当代艺术博物馆

第　三　节

营地拓展·美学之旅

近年来，国内的自然艺术空间和生态园区的数量不断增加，尤其是在粤港澳大湾区，山林间涌现了很多大地艺术园区和空间，包括一些艺术家和设计师在山林间创建的艺术空间，它们都是进行营地美学拓展的极佳选择。在户外自然生态环境下，可以开展多种美育主题的活动，如森林漫步、温泉沐浴、体能拓展、亲子房车旅行等。

营地拓展的亲子美学之旅，并非我们想象中的单一的团建体能游戏和拓展游戏活动。它更多地结合了自然户外生态、传统工艺手作、美食 DIY、艺术体验等多个美学维度来展开，是一种新型的亲子美育活动。经常与不同伙伴参加此类活动的孩子，不仅加强了人际交往能力和情商的培养，还在不同主题的亲身体验和实践活动中获得了美学的熏陶与滋养。

根据我的日常经验，我想向大家推荐的是家庭在日常生活中就可以组织的营地拓展亲子美育活动。

行前需要做的一些准备主要有：

1. 关注及筛选营地资讯；

2. 选择合适的主题及路线；

3. 准备对应营地所需的相关装备和物品；

4. 注意提前查询天气；

5. 做好安全预防措施。

现在，可以开启我们的营地美学主题拓展之旅了。请大家根据自己的需求来安排活动。以下几种形式既可以组合也可以单独进行，根据实际条件和个人兴趣爱好灵活选择。

自然探索与艺术创作："嘘，不要吵醒葡萄了！"

现在，越来越多的大地艺术园区或民宿会做一些美育主题的营地拓展项目。大多数都是以自然探索和艺术创作相结合的形式进行的。

亲子一起在营地探秘，观察各种自然生态与建筑设计的特点。若是选择在营地享用美学午餐或晚餐，可以选择那些自然美学餐食，从摆盘到美食都充满了美学元素。在享用美食的同时，孩子们也能感受到浓厚的美学氛围，从而拥有一天的好心情。餐后，随家庭美育导师一起徒步前往生态果蔬园，这不仅仅是一次采摘活动，更是一个观察季节变化中不同的昆虫活动规律的机会，如蜜蜂采花蜜的过程，还有果蔬植物的生长状态。这些活动是对自然知识的美育启蒙，让孩子了解大地、土壤、气候和应季果蔬等。

最后，再进行一次“不伤害植物们”的美学采摘，采摘后的摆盘过程本身就是一种美学的吸纳。

我始终记得第一次到达意大利的安东尼酒庄时的情景。我们踩着架空的旋转楼梯从地库走上地面去参观葡萄庄园，因为人多一下子声音变大了，走在最前面的导师做了一个“嘘”的手势，轻轻地示意我们说：“不要吵醒葡萄了！”

万物皆有感应。我们可以借助现有的自然生态，带孩子去感受自然探索中的美好，并将探索过程中的收获融入生活中，进行再创作。

同时，我们还可以参加营地组织的花艺、茶艺、琴艺等艺术互动体验活动，让亲子在这些活动中享受艺术创作的乐趣。

户外摄影与美学鉴赏：“我眼中的妈妈，是快乐的。”

跟随专业摄影师学会微观拍摄一朵花、一棵树、一片天空、一朵云的独特之美。按下快门的那一刻，孩子眼中看见的美一定很特别。户外摄影与美学鉴赏是一项非常值得家庭美育导师们尝试的营地美育拓展活动，可以参与基地组织的户外摄影专题活动，也可以自行安排组织一天的摄影活动，并设置这一天的主题，比如“我眼中的天空或城市”，这样能衍生出无比丰富的摄影作品。

环保与手工 DIY：“卧室里，我闻到水杉的香味。”

变废为宝，将家中不需要的废物材料分类收集起来，引导孩子重新发现这些看似“废物”的物品其实还隐藏着怎样的新用途。比如，我们可以把以前练习画画的一些废旧纸张拿来剪成花变成装饰品；把旧牛仔裤、毛衣等衣物通过重新设计、剪接、缝补、拼贴，做成好看又实用的环保帆布袋；或去大自然中收集一些落叶、落花、石子等自然材料，在家手工 DIY，做成插画、拼贴画等，装饰自己的卧室或喜欢的特定空间。

我小时候就经常把水杉树叶采集好，用一块薄薄的木板做底托，在上面放一张白色 A4 纸，再将水杉树叶在白纸上摆出各种我喜欢的造型，然后将画板挂在我的卧室床头柜上方，睡觉时还能闻到水杉特有的淡淡的清香。

此外，我们还可以去参加传统手工制作的体验活动，如刺绣一幅风景图画、玩陶艺捏泥人、编织中国结、制作风筝、打造木器等。这些活动都非常锻炼动手能力和思维能力。在制作过程中，结合传统文化知识的普及和了解，让孩子在营地拓展过程中享受美学的探究与解答。

森林音乐与自然冥想：“我的身体里住着一座森林。”

各类营地拓展项目细分出很多美育项目，其中一些在森林公园或依山傍水的生态园地举行。这些地方都是天然氧吧，非常适合举办亲子美育活动。我们可以和孩子一起带上他们喜欢的乐器，在山水林间，来一场自然音乐会与冥想听音。放松身心，和孩子一起进入深度联结的时刻。冥想是孩子也可以进行的一种很健康的活动体验，它可以潜移默化培养孩子的静态思维，提升内在的专注力。

亲子烹饪与美食分享：“我做的比萨跟别人的不一样！”

有些营地拓展中会特别设置亲子烹饪与美食分享的环节，参与者可以自带食材或购买营地的食材，设计并制作自己喜欢的美食，或者跟着导师一起烹饪。有一次，我带孩子参加了一个营地的亲子美食烹饪活动——手作比萨。因为比萨的工序中有一些辅助食材的搭配，我家娃的搭配方式跟现场任何一个孩子的都不一样，他有自己的想法，我尊重了他的想法，最后做出了一张与众不同的比萨。这一创新得到了老师的认可和肯定。他本来不太愿意分享自己的作品，但在那一刻，他突然明白了分享原来可以带给别人快乐。

此外，还有制作桂花糕、梅子酒、炒茶叶等美学活动，这些有美学价值的活动都是值得参与的选择。

营地拓展美学之旅的方式还有很多种，最常见的方式是报名参加亲子研学基地组织的亲子团建和拓展类项目活动。这类活动主要以互动游戏、体能训练和团队协作为主要目的。也有异地营地拓展亲子研学旅行活动，例如前往内蒙古草原、西北沙漠，或国际夏令营，可根据自身实际情况做选择。

在营地拓展美学之旅中，孩子们通过参与特别设计的观察、社交、协作、实践和思考等活动，使得美育过程变得更加具体和易于接受。这样的多维度活动可开启孩子的身心美学能量的流动，让他们不仅能够感知美，还能够深入日常生活中，拥有解决具体问题的多维度综合能力。

广州·天人山水大地艺术园

附录1

带着“丰盛的游学果实”回家

艺术家/作家/诗人/手账达人/情绪管家/生活主理人

一场“玩着学”的亲子游学时光很快结束了，美学的养分已经在孩子的心中生根发芽，但请不要让这份难得的“收获”被日常生活的琐碎所淹没，请帮助孩子以“创造性”的方式记录下来。因为这些“丰盛的果实”可能随时随地在某个瞬间就产生了，家庭“美育导师”们要协助孩子把它们都记录下来，这是他们成长过程中非常重要、值得骄傲的一部分。只有将游学过程中的单点元素汇总到某个“身份”设定内，带着孩子无拘无束地打破成规，从小就直接拥有“创造、美学的思维和能力”，才能产生更多的可能性。美育的目的，也是要通过“看，听，做”来注入内心更深层的力量，让孩子从小就赢在“美学”的起跑线上，因美育而更加自在和丰盈。

丰盛的果实 01：我是“艺术家”

请画出或者以手工剪贴、拼图等任何自己喜欢的形式，将这次游学行程中我认为最美的人、事、物、风景表达出来。随心所欲地去创作，我就是那个天赋艺术家。可以把创作的作品印制出来去售卖，尝试这个过程，也是学习。

丰盛的果实 02：我是“作家”

请以自己的方式，写下这次游学中的见闻、难忘的故事或有趣好玩的事，哪怕是一只路上遇见的小狗、小猫、路边的一朵花，或者路上车辆上的一张纸片，都可以随心去创作。

丰盛的果实 03：我是“诗人”

我有很多灵感时刻，记录下来，就成了有哲理意义的诗歌啦。

丰盛的果实 04：我是“手账达人”

我记下了和爸爸妈妈一块出行的故事，开始养成记录“开心快乐”“审美事物”“把每一天当作生命的礼物”的好习惯。

丰盛的果实 05：我是“情绪管家”

我绘制了这次行程中和父母的“情绪地图”，我一共开心大笑了 10 次，因为父母催促让我变焦虑了 5 次……我学会了情绪校准的能力，学会了情绪管理的方法。

丰盛的果实06：我是“生活的主人”

通过这次行程规划，以及出行食宿交通的全程参与，我的生活能力提高了不少，我学会自己管理自己了。

丰盛的果实07：我是“____________________”

父母眼中我的“哲理诗意时刻”：____________

灵感捕捉：________________________________

附录2

亲子游学项目策划书

一、我的“亲子游学”目的

成长是一段漫长的旅程，在充满不确定的未来世界，我们希望通过“游学”这种自古有之的学习方式，来应对教育的“内卷”，实现高质量的亲子陪伴和养育。在课堂教育之外，将目光和意识转向更多维度的亲子家庭教育活动，以提升孩子的实践能力和审美素养。在有主题性、计划性、创造性的游学活动过程中，让孩子实现潜移默化的美育成长。

成长的过程虽然充满未知，但选择如何成长是可以提前“策划”的。通过主动策划去创造和体验人生中每一天的精彩、快乐和意义，这将是孩子们有趣、好玩的“新成长方式”。

二、我的“亲子游学”主题

世界是我的 __________，就要玩着学！

三、我的“全年游学时间计划表”

（一）说走就走的旅程：日常周末计划——2 天

	主题一	主题二	主题三	备注
周六晚～周日				
周五晚～周日				

（二）错峰与小众：节假日计划——3 ～ 7 天

法定假日	主题一	主题二	主题三	备注
元旦（3 天）				以当年度具体节假日实际放假情况而定，在完成规定课业的前提下，合理规划。
清明节（3 天）				
五一劳动节（3～5 天）				
端午节（3 天）				
中秋节（3 天）				
国庆节（7 天）				

（三）远游主题：寒暑假计划

	主题一	主题二	主题三	备注
寒假				·春节假期可含在寒假假期规划中。 ·以当年度具体节假日实际放假情况而定，在完成规定课业的前提下，合理规划。
暑假				

说明：

以上不同时段的亲子游学计划的主题，可根据实际情况和个人兴趣爱好，对照全文各章节的游学活动来选择和搭配，可以填满计划，也可以有空缺，完全遵照个人情况规划即可。

四、我的“亲子游学手账笔记”

（一）我的“暖心计划”

（在每一个去过的地方，做一件“暖心”的事）

例：主动收拾酒店房间

跟服务过我们的人说：“真的很谢谢你，你做得非常棒！”

留纸条：虽然我不认识你，但想到我们今天有机会在 14 亿人中遇见，就想特别谢谢你，愿你今天有个好心情，愿你生活甜蜜……

创意可以自己定义，目的就是“暖心行动计划”的实施，点亮旅程中美好的一段时光。

（二）我是爸爸妈妈的“好帮手”（写下帮助过父母的事项）

（三）我的旅行存根

行程城市路线：________________

出行日期：________________

交通方式：________________

旅行箱：________________

明信片 / 纪念品：________________

（四）我的灵感泡泡机

（我有好多灵感泡泡要去抓，每天都可能有新的灵光闪现，一定要记下来哦。）

致谢

非常感谢中国妇女出版社，愿意给予机会接纳一位“素人作者”。感谢我的编辑老师为此书付出的辛劳。感谢一直认可、鼓励、支持我把积累变成书籍的李欣频老师，是她无限的爱和耐心让我克服内心重重障碍，终于完成了人生第一本书。

非常感谢我从业 13 年的公司，它让我有机会打开国内外视野，开拓和负责国际高端游学项目，才得以积累这些丰富的专业知识和游学经验。感谢我的上司，感谢我的老板。也非常感谢我人生道路上的每一位引路恩师，以及一路上遇见的所有导师、同行者、合作伙伴、朋友，与他们合作和相处的过程中，我学习到非常宝贵的人生智慧。

最后，感谢我的家人，是他们一直为我生活的大后方托底，我才有时间挑灯夜战整理这本书稿。感谢我的大宝贝小核桃，一位真正拯救我的小天使，让我们在无数次的亲子游学时光中，获得心灵的滋养和感动（此时，二宝贝还在我腹中，我们一起期待着和这本书同年“出生”）。

感谢亲爱的读者朋友，有缘在这一刻相遇于我的书中。

现在，我把这个极具“松弛感”的亲子培育方法毫无保留地全部分享给大家，若有幸帮助到大家，那将是我收获到的最大回报。

愿家长们可以舒展开陪孩子写作业时紧皱的眉头，任意翻开某一章节内容，按照自己的兴趣去寻找对应主题的方法和内容，相信你的脑海中马上就会蹦出一个全新的想法！

恭喜你，那么现在就开始“美学旅行家的新旅程”吧！

逯逯

2024 年 4 月